The story of Ginza Sony Building

ソニーは銀座でSONYになった

銀座ソニービル物語

盛田が挑んだ日本企業初の〝ブランド戦略〟

Miyamoto Yoshikazu
宮本喜一

プレジデント社

ソニーは銀座でSONYになった

銀座ソニービル物語

SONY
GINZA
FURUYA

目次

第1章 〝身のほど知らず〟のビル計画 ……… 7
東京・銀座の数寄屋橋交差点／「銀座といえばソニー」にしたい／盛田昭夫に勝算あり／トランジスタがテレビを変えた！／ニューヨークのショールームを黒木君に／最優先はカラーテレビの開発だ／ソニー製品を的確に発信しよう／ビルの設計？　そうだ芦原先輩がいる／目指すのは日本初のショールーム集合体／五人で徹夜のミーティングだ／ヒントはグッゲンハイム美術館に／街の中にある広場

第2章 ソニーブランドをどう表現するか……65
新しいビルにソニーの革新性の息吹を／交差点のシンボルとなるような〝ソニー製品〟にしよう／建設現場の目と鼻の先に最前線基地を／黒木靖夫が企んだ問答無用作戦／「お前、本当にソニーで働いてるの?」／巨大駐車場が隣にできる!／地下鉄「西銀座駅」が「銀座駅」に

第3章 新しい革袋に新しい酒……103
花びら構造のフロアに一流のテナントを／話に乗ったマミーナと専売公社／日本初の〝アメリカ調〟ドラッグストア／アメリカの香りをそのまま持ち込もう／「地下に最高のレストランを」／

誘致したいのは世界に冠たる三つ星レストラン／
トヨタ初の銀座ショールーム

第4章
銀座の四季の香り……139
創業記念日よりも天皇誕生日だ／
休館日なし、年中無休でビルを開けよう／
ソニースクエア、それは〝銀座の庭〟／北海道からすずらんを空輸せよ／
四季時計の鮮度を保て／スクエアの賀田か、賀田のスクエアか

第5章
五反田村から花の銀座の〝住人〟に……179
外堀通りのイメージ一新作戦／「〝ソニー通り〟でよろしいのでは？」／
銀座の情報を手のひらに乗せよう／ビルを人の情であふれさせよう／
ソニービル建設のウラ側でソニーを悩ませた経営課題／

ソニー独創のトリニトロン登場の晴れ舞台はソニービルだ

第6章 「ソニービル」とは何か …… 207

「数寄屋橋は世界の交差点なんだ」／あえて海図のない航海へ／ブランドの集合体、銀座を舞台に成長す／ブランドを発信するビルに〝賞味期限〟はあるか／

第7章 五反田村のソニー、銀座のSONY …… 225

かけがえのないソニーの財産、〝ソニー通り〟／継承される「広場」の概念

謝辞 …… 236

第1章

〝身のほど知らず〟のビル計画

東京・銀座の数寄屋橋交差点

1962年（昭和37年）12月、ある日のたそがれどき。

ところは、東京・銀座の西、数寄屋橋の交差点。皇居前から東京湾の岸辺に向かって東に延びている晴海通りが、ここで東京駅方面と新橋駅方面を南北につなぐ外堀通りと交わっている。東京都内でも有数の交通の要衝だ。近くには国鉄の有楽町駅があり、地下には、地下鉄銀座線銀座駅、同丸ノ内線西銀座駅がある。そんな繁華街が師走を迎えていた。行き交う人々はコートの襟を立てたり、首のマフラーを巻きなおしたりしながら、せわしなく先を急ぐ。都電やクルマの音に混じって聞こえてくるクリスマス定番のジングルベルのメロディーが、彼らを一層せき立てているようにも聞こえてくる。

交差点の北西の角には数寄屋橋交番。北東の角には洋菓子店の不二家があった。その不二家の看板、ペコちゃんの巨大なネオンを背にたたずむひとりの男性が、ネクタイを夕陽に染めながら、じっと晴海通りの向こうをながめていた。その視線の先には交差点南東角で明るく輝くソニーのショールームがあった。

盛田昭夫。41歳。

根が生えたかのように、なかなかその場を離れようとしないこの人物こそ、1946年に設立された東京通信工業（のち58年にソニーと改称）を井深大と共に牽引してきた経営者だった。創業以来16年で、実質的には会社ナンバー2の副社長にまでなっていた。

5分たち、10分が過ぎた。ときたま、その姿に気づいた通行人が訝しげな視線を投げかけることもある。というのも、その横には高さ1メートルほどのペコちゃん人形がたたずんでいるのだから、どこか不釣合。無理もなかった。しかし、それを気にする様子は全くない。盛田がながめていたショールームは、その3年半前、59年の6月に開設したソニーのラジオやテープレコーダーを展示してある施設というだけではなかった。本社のある五反田〝村〟ではなく、それを東京屈指の繁華街である銀座に設けることの意義にこだわった結果の産物だった。ちなみに、五反田は東京都の品川区にあり、山手線の品川駅と五反田駅の中間に位置し、ソニーの本社はどちらの駅からも徒歩で10分あまりの距離にあった。日比谷や大手町に代表されるようないわゆるビジネス街ではない。どちらかと言えば、皇太子妃美智子殿下の生家、正田家の邸宅があるような住宅地だ。その立地条件の悪さから、ソニーの社員は五反田〝村〟と称していたのだ。

盛田はショールームを開設する2年前の57年、すでにこの同じビルの上に、大きなSONYの文字が輝くネオン広告塔を設置していた。実は東通工は、さらにこれに先だつ2年前、55年からその製品にSONYのマークをつけることにしていたため、その浸透を図ることに腐心し

1958 年当時の数寄屋橋交差点。

ていたのだ。広告塔はその浸透策の一環として計画され、２０００万円という当時としては大金を投じることになった。

　盛田にとっては、いくら大金を投じても、そこが盛田のことばを借りれば〝一等地の銀座〟であることが重要だったのだ。どうせなら年の瀬に間に合わせようと、20日間の突貫工事で12月19日には点灯にまでこぎつける。数寄屋橋の交差点という絶好の地の利を得たおかげで、このネオンがそこを行き交う多くの人たちだけでなく、東京駅を発着する列車の車窓越しに、乗客の目にいやでも飛び込んでくる。ＳＯＮＹというブランドをアピールする効果の大きさは期待通りだった。そんな思いが通じたのだろうか、設置してわずか12日後の大晦日に、彼らに思いもかけない幸運が巡ってきた。

年末恒例の国民的番組NHK『紅白歌合戦』の直後に放送される『ゆく年くる年』で、一台の中継カメラのレンズが捉えたのがこの数寄屋橋交差点だった。

そのカメラから全国の茶の間のブラウン管に送られた映像は、他でもない、その広告塔で輝きを放つSONYのネオンだったのだ。しかも、その大晦日を境に東通工はその社名をネオンと同じ〝SONY〟=ソニーに変更することになっていたのだから、それは文句なしに最高のタイミングだった。広告効果ははかり知れない。2000万円という大金を投じる決断が見事にはまった瞬間だった。井深はテレビの前で「これで元がとれた」と、満面の笑みを浮かべたという。

ショールームを見つめる盛田の頭の中では、ある自問自答が繰り返されていた。

「あの一角の土地を買い取りたい。そこに自前のビルを建てたい、そう決めて今まで準備を進めてきた。準備するために不動産管理会社もつくった。とはいえ、ことがすべてうまく運んだとしても、今のソニーに、銀座という一等地にビルを持つ、などと周囲から身のほど知らずと言われかねない計画が許されるのだろうか」

今、つまり1962年のソニーの年間売上高は約230億円程度。これに対して、家庭用電気製品メーカーの雄、松下電器の売上規模は、約1700億円。家庭用電気製品も製造している総合電機メーカー、日立製作所と東芝に至っては、それぞれ約3200億円、約2200億円という規模であり、まさにケタ違い。それぞれの決算時期がずれてはいるものの、比較にすらならない。資本金も比較にならない。具体的には、ソニー27億円に対して、松下225億円、日立750億円、そして東芝693億円。ちなみにこの時期、ラジオ・テレビを主力とするいわゆる音響メーカーとしてソニーとよく似た製品を製造し同程度の経営規模だった企業は、日本ビクター（現・JVCケンウッド）だった。安定成長株として評価されていた同社の年間売上高は240億円あまり、資本金は24億円。世間的に見れば、音響メーカーにそれなりの存在感はあるにしても、総合電機の業界とは住んでいる世界が違う、という感じは否めなかった。まして当時の電気業界がソニーに対して持っているイメージは、やはり〝五反田村〟の中小企業。よく似た経営規模の日本ビクターには戦前から35年間続いている優れた音響技術の老舗、名門企業というソニーにはない好ましいイメージがあった。それだけに、こうした大企業をさしおいて、銀座・数寄屋橋に自社ビル、それも日本で初めてのショールーム専用ビルを建設するのは、〝身のほど知らず〟と思われるのではないか、という懸念が盛田の頭を離れなかったのだ。

盛田の視線の先にあるショールームの広さはわずか20坪足らず。その狭さにもかかわらず、期待以上の評判を集めていた。ソニー製品に対する人々の関心の高さ、そして数寄屋橋という地の利もあり、59年の開設以来、この小さなスペースには客足が絶えなかったのだ。そればかりか、当時3万円を切った家庭用のオープンリール型テープレコーダーや世界初のFMトランジスタラジオといった世の注目を集める製品を次々と投入する勢いも手伝って、展示のスペースがしだいに手狭になっていく。ショールームをもっと大きくしたい、と思案しているうちに、いつしか盛田は、この敷地を手に入れられないものか、いや、目下の財務の状況についての議論は議論として、将来のためにも、なんとしても買い取るべきではないかと考えるようになっていた。

「銀座といえばソニー」にしたい

言うまでもなく、この銀座の地域一帯は日本一地価の高いことで有名だ。土一升金一升とは他でもない、銀座の〝地面〟〝地所〟のことなのだ。しかも、ショールームは、誰もが知っている銀座四丁目の交差点という〝銀座の中の銀座〟からわずか200メートルの距離という絶好の場所にある。ここを手に入れるのは、文字通り至難の業。それでも盛田は、あえて決断をする。ソニーは1946年の創業当初は日本橋の白木屋に間借りして事業活動をしていた。日本橋は江戸時代以来の〝名門ビジネス街〟だ。その後五反田に本拠を移し、テープレコーダーやトランジスタラジオの開発で世の中を驚かせながら成長してきた。

逆にそれが〝仇〟となったのかどうかは別として、ソニーは元気な会社という印象のほかに、〝五反田村〟の企業というイメージも持たれるようになり、社員の間でもその種の意識がなくはなかった。果たして〝五反田のソニー〟のイメージでいいのか？　いつの間にかソニーの全売上高に占める輸出の金額は40パーセントにまでなろうとしていた。世界を相手にしようとする

家庭用のテープレコーダー「TC-101」。定価 2 万 9800 円。

企業が〝五反田村〟のイメージのままでいいのか？　世界に知られている日本の地名、それは東京であり、東京の中でも銀座。だから理想的には、ソニーと言えば銀座、銀座と言えばソニー、にしたい。

至難の業であることを承知でこの地所を買い取る覚悟を決めると、61年4月、盛田はそれを目的にした不動産管理会社を設立する。

この管理会社の社名はソニー企業。初代社長には当時ソニー商事（ソニーの販売会社）の専務だった47歳の太刀川正三郎が指名された。ちなみに、太刀川は井深大が1940年に設立した日本測定器に大学卒業と同時に入社し、以来井深のもとで働き、46年に設立された東京通信工業に取締役として参加している。つまりソニー創業以来の人物であり、それだけに盛田の信任も厚かった。

ソニー企業は目標通り、目指す土地を少しずつ取得していく。もともとの盛田の腹積もりは、東京オリンピックが開催される64年10月までになんとかして取得を終えビルを建設したい、というものだった。

しかし、いかにも時期が悪かった。オリンピックに向けた建設ブームで、土地を購入するには環境条件がよろしくない。その上、当時はまだ戦後の混乱期の名残もあり、頑固な土地の権利者が多数存在、借家人から間借りしてテーブルひとつ置いただけで権利を主張した人まで現れた。数寄屋橋周辺で、その数は100人ほどにもなったという。それだけに彼ら相互の権利関係も複雑で、交渉は難航する。それでも、やっとのことで一件だけ、63年1月に交渉が成立した。手に入ったのは現在のソニー通りに面した土地、営業しているお汁粉屋の地所約35坪だった。

つまり、ソニー企業設立からほぼ2年間かけてなんとか獲得した土地がわずかに約35坪、というわけだ。当時、こうした困難な土地取引の交渉を粘り強く続ける仕事で手腕を発揮したのは、この分野に強い吉原《よしはら》迪《すすむ》だった。吉原はその後、66年4月にソニー企業の二代目社長に就任することになる（後に述べるように、この取得計画は最初の土地購入からさらに1年、64年の初頭になり、一部を残しながらも、目当ての土地の大半を買い取るめどが立つ）。

土地の取得交渉が難渋し大幅に遅れていても、盛田は土地取得に執念を燃やし続けていた。その目当ての土地の面積はおよそ200坪（約700平方メートル）。理想的にはもっと広い土地を望んではいたものの、最低でもこの広さの地所の権利は得たかった。なぜなら戦後10数年がたち、この場所以外、銀座地域の中でもその一等地と思われる地所が手に入る可能性はほとんどなかったのだ。

東京の〝銀座〟といえば四丁目、と相場が決まっている。その四丁目の交差点の角は、それぞれ、和光、三越、サッポロビール、三愛が占めている。この四者に土地の取得交渉のテーブルについてもらえるはずはない。だとすると、ここから西方向に約200メートル、有楽町駅にも近い数寄屋橋交差点に、果たして、その可能性はあるのか。四つの角地のうち、三つは不可能であることに議論の余地はなかった。つまりその一角には日劇・朝日新聞・数寄屋橋交番がある。もうひとつは不二家、そして三番目は東芝のビル。そうなると、残されている可能性は、まさにソニーが借りているショールームのある土地だけになってしまう。ソニーにとっては文字通りこれが〝銀座進出〟のラストチャンスなのだ。

もし、およそ200坪の土地を首尾よく取得し、法律の許される範囲で7、8階程度のビルを建てるとすれば、そのために必要な資金は、土地建物合わせてどんなに少なく見積もっても20億円はくだらない。場合によっては、さらに高額になるかもしれない。盛田はそんな試算の数字も聞かされていた。

20億円……当時、ソニーの年間に計上する純利益のざっと2倍に届こうという金額だった。直近の62年10月で締めた決算で示された純利益は、前年比56パーセント増の好成績とは言っても、わずか11億2400万円にすぎない。ソニーの資本金は27億円だ。もし費用がかさんだら、そのときは資本金並みの数字になる。同社にとってはまさに巨額というしかない。「今のソニーに、許されるだろうか」、この問いかけが盛田の頭の中を占領しても無理はなかった。結果的に66年4月に完成してみると、その数字は30億円になってしまっていたのだが。

晴海通りには都電の主要路線がいくつも走っている。加えてペコちゃんのネオンを背に、そして人形を横にたたずむ盛田の右手には、数寄屋橋を起点にして池袋に向かう都電の停車場がある。このように、都電にとって数寄屋橋は運行の要衝でもあったのだ。その都電のうなるようなモーター音、車輪とレールの織りなす走行音を、盛田はどれだけの時間、耳にしていたことだろう。さらに加えて、行き交うバス、トラック、乗用車などの生み出す音が、日一日と変貌していく東京の鼓動のように聞こえていた。

2年後の64年10月に開催される東京オリンピックに間に合わせようと、首都高速道路の建設工事もまさに佳境を迎え、交差点の角に近い日劇の前にはすでにりっぱな高架路線ができあがっていた。外堀通りは掘り返され、土橋方向に延びている部分の地下には大駐車場がつくられようとしている。その目的は、ますます激化する銀座周辺の交通渋滞の解消だという。

盛田は改めて気を引き締めた。自前のビルの建設は断固として推し進めよう。30億円にふくれあがるかもしれない費用も覚悟しよう。前進あるのみ。

なかなか思うに任せない土地取得の交渉を横目に見ながら、盛田はそれがうまく行くことを前提にして、ショールームを移転させることにした。ペコちゃんの不二家の前から3カ月後、翌63年の3月にはショールームの移転を終えている。そこは銀座の七丁目、数寄屋橋から歩いてもわずか2、3分のところにあった。

盛田昭夫に勝算あり

さてここで、時計の針を、この〝不二家の前〟から2カ月あまり巻き戻してみよう。

2カ月前、62年の10月1日、盛田はアメリカ・ニューヨーク市の五番街にいた。世界一有名とも言ってよいこの繁華街に、ソニーがショールームをオープンさせる、まさにその日だった。そのオープニングセレモニーの招待客400人を目の前にして、盛田は満面の笑みを浮かべていた。ショールームの広さは約50坪（約170平方メートル）。当時はまだ、日の丸をつけた日航機がニューヨークの空まで飛べなかった時代。アメリカ人にとって日本は極東のちっぽけな国。そんな国から小さなトランジスタラジオとテープレコーダーを引っさげ、売り込みにやっ

米ニューヨークのソニーのショールーム。

てきたちっぽけな企業。そんな企業のショールームに、彼らはどこまで興味を持ってやってきてくれるのだろうか。数寄屋橋のソニーのショールームなみに人が集まるだろうか。

確かにソニーは、トランジスタラジオのメーカーとしてアメリカでもすでにその存在感を発揮してはいた。1955年8月に日本で初めてトランジスタラジオTR－55の製品化に成功したことに勢いを得て、2年後の57年4月には〝世界一小さい〟をうたい文句にしたTR－63を発売。そこでワイシャツのポケットにも入る小ささをアピールするため、〝ポケッタブルラジオ〟という新語をつくり、性能のよさが認められ、ソニーの輸出第1号ラジオとなった。これに続いて58年11月に発売したTR－610

NY進出の先兵となったマイクロテレビ「TV5-303」。

は、その小型高性能ぶりが評判となって欧米に大量に輸出された。それどころか、このラジオのデザインの模倣品がつくられるほどの大ヒットとなる。発売後2年間で、全世界販売台数50万台を記録した。

60年になると世界初のトランジスタテレビ、TV8-301を発売。本体上部に把手がついており、見たいところに自由に持ち運びができる〝携帯用テレビ〟。他に例のない小型8型という画期的な製品だった。こうしてソニーは何か新しい製品を生み出す会社だというイメージが、アメリカの消費者の間でも徐々に浸透してはいた。しかしだからといって、世界一流の企業や製品が覇を競い合っている。繁華街の真ん中で、道行く人が足を止め、ショールームに足を踏み入れてくれるという保証はどこにもなかった。

しかし成功は絶対条件。万が一にも閑古鳥が鳴くようなショールームになってしまっては、わざわざ開設した意味がないのだ。

盛田にはそれなりに勝算があった。そのための武器があった。

ニューヨークのショールーム開設まであと半年にせまった62年4月、ソニーは世界最小・最軽量を謳う〝マイクロテレビ〟TV5−303を東京で発表していた。盛田はこの革新的な製品、マイクロテレビを武器に、アメリカの繁華街に打って出ようと考えたのだった。この製品なら、必ず世界一目の肥えたアメリカの消費者にだって、大きな衝撃を与えられるはずだと信じていた。

マイクロテレビの国内市場導入が一段落した62年春のある日、盛田は黒木靖夫という若い社員を副社長室に呼んだ。

「黒木君、君は英語ができるかね？」

「盛田さん、突然聞かれても……全然できませんよ」

「そうか、それは困ったな、ほんとに。ソニーの社員なら、今からは英語ができないとやってゆけないぞ。来週から外国部に移って外国広告を担当してもらおう」

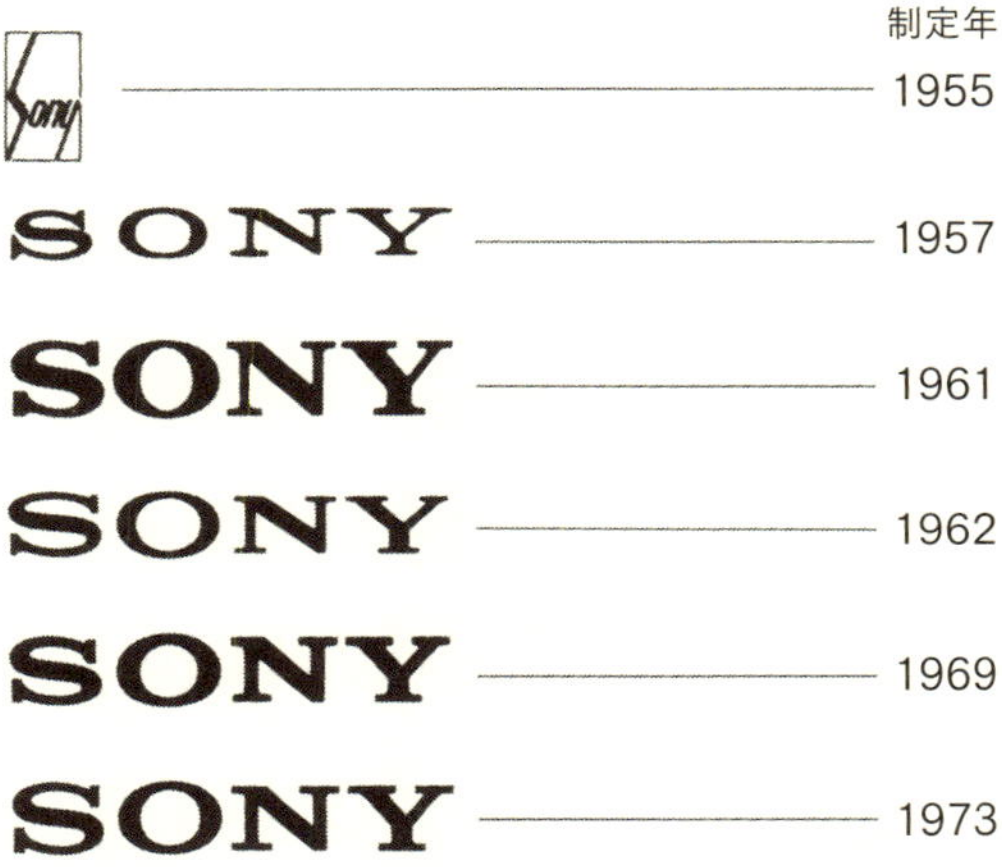

SONYのロゴデザインの変遷。

盛田はその場で、輸出を担当する部署である外国部の広告課長を呼び、黒木に引き合わせた。

このときからニューヨークにショールームを開設するためのプロジェクトが動き出す。

副社長室に呼ばれた黒木は当時29歳。60年春に行なったソニーの要員募集に対する応募者約5000人の中から選抜された5人のうちのひとりだった。

黒木の前職はそごうの社員。57年の春、大学卒業と同時にそごうに入社、配属されたのは開店準備室、そこで宣伝の仕事を与えられる。このとき同社が開店準備をしていたのは、有楽町店。国鉄の有楽町駅に隣接する同社にとって東京地区初の店舗だった。開店はまさにこの年の5月25日と決め

香港の SONY のネオンサイン。

られていた。入社早々、宣伝業務に携わったおかげで、そごうが仕掛ける大きなプロジェクトに総合的にかかわる幸運に恵まれた。このとき同社の宣伝部は開店のためのキャンペーンを展開、そのためのキャッチフレーズが「有楽町で逢いましょう」だった。宣伝部によるメディアへの〝仕掛け〟が奏功し、このキャッチフレーズが当時の流行語になっていく。これを見た作詞家の佐伯孝夫が、11月に同名の歌謡曲をつくった。歌手はフランク永井。結果的には、これがそごうにとっては日本初の〝企業名のないコマーシャルソング〟ともなった。

　こうして黒木はキャリアの最初の段階で早くも、新しい店舗を立ち上げるためのノウハウを身につけた。盛田はニューヨーク進出にあたり、黒木の若さと能力に加え、このそごうでの経験を見込んだのだろう。

トランジスタがテレビを変えた！

一瞬話は脱線する。黒木はデザイナーを自任していた。9月にそごうから転職しソニーの広告課で働き始めてそれほど日がたっていないとき、黒木に回ってきた仕事が、ソニーのロゴタイプの制作だった。黒木の考えでは、当時の広告代理店には、広告制作の分野で企業の期待に応えるのに十分な能力があるとは言えなかった。したがって、企業が自前で制作していたし、一般的にそれが常識でもあったようだ。ロゴタイプの制作という仕事もその流れの中にあった。黒木はロゴタイプの制作を急いだ。翌61年の7月に日本企業のトップを切って、香港に大きなネオンサインを掲出する計画が持ち上がったからだ。これを機にＳＯＮＹの文字デザインの一新を図るのが目的だった。

結果的に、入社半年もたたない新入社員が、企業の大切なロゴタイプを新たにデザインするという重要な仕事を任されたことになる。これには黒木自身も驚いたという。

この制作過程で、黒木はソニー入社後それほど時間が経っていないにもかかわらず、井深や盛田との接点が生まれる幸運に恵まれたのだった。

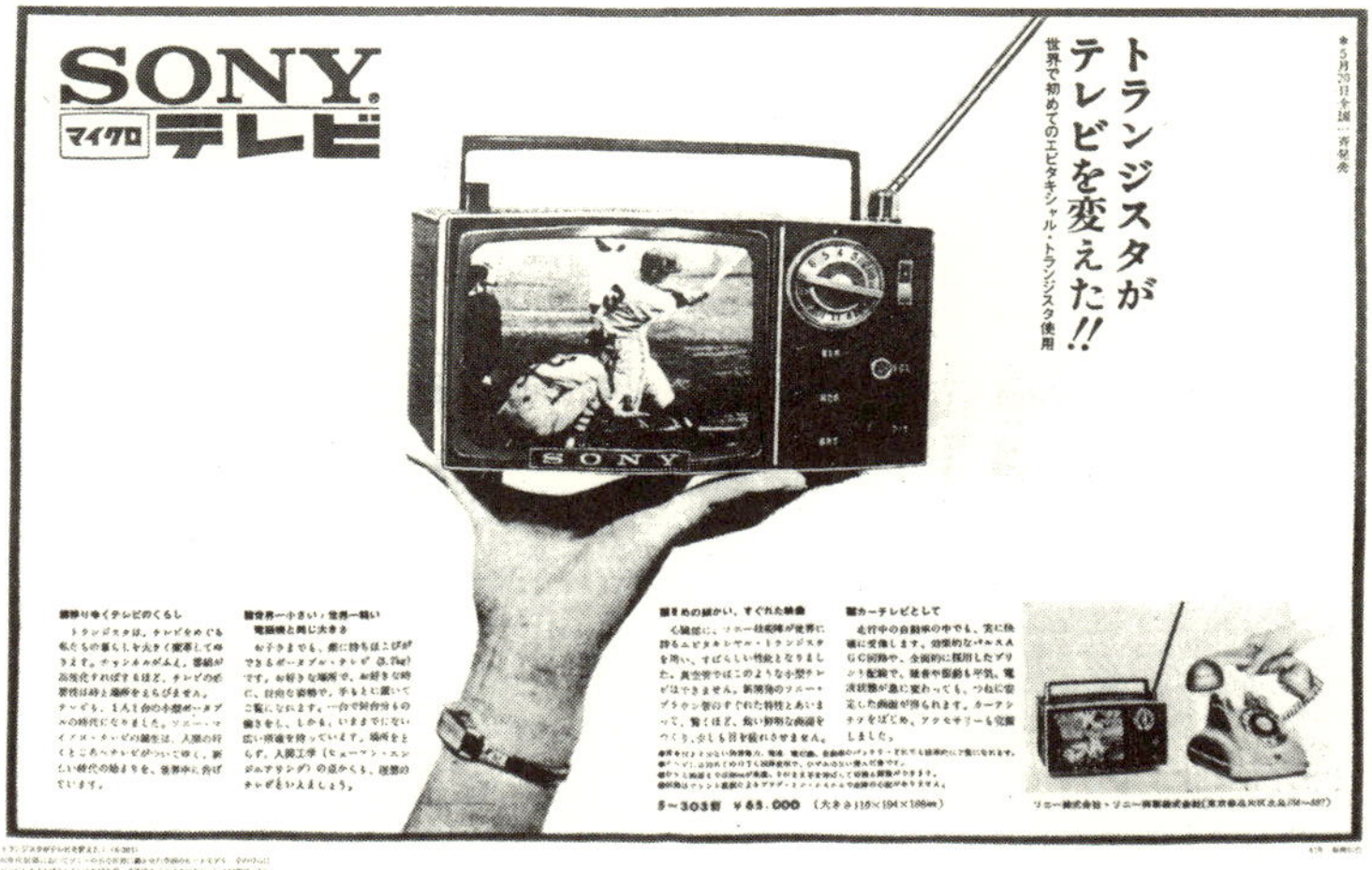

マイクロテレビ「TV5-303」の新聞広告。

新しいソニーのロゴが無事、香港に輝き始めてから2カ月がたっただろうか、黒木は盛田の部屋で開発したばかりの秘密兵器を見せられることになる。

盛田はカバンから小さなテレビを取り出して、言った。

「今度、これを売り出すことにしたからな」

そして62年初頭、このテレビの発売日が同年5月20日と決められた。以来4カ月間にわたって毎日のように広告宣伝ＰＲ特別会議が開かれる。関係者だけの極秘であるため、毎回午後4時に始まると11時過ぎまで延々と続けられたという。夕食には必ずと言ってよいほど鰻丼が出されるので、この特別会議は、関係者の間では〝ウナ丼会議〟と呼ばれていた。もちろん黒木もその一員となった。ちなみに、〝マイクロテレビ〟という名称もこの会議で誕生している。

ある日、この会議の席上、宣伝・広告が議題となり、キャッチフレーズを文字通りワイワイガヤガヤと検討しているとき、黒木は初めて、盛田と渡り合って議論を戦わす経験をした。

盛田の出した案は〝トランジスタでテレビが変わる〟だった。

黒木はこれに異を唱えた。

「盛田さん、それではいまひとつインパクトがないと思います」

「そうかなぁ。このキャッチで決まりだと思うけどね。井深さんもそれらしいことを言っていたよ。でも、インパクトがない？　じゃ、黒木君ならどうする？」

「私なら……こうします」

目の前の紙に黒木が走らせる鉛筆の先を盛田の目が追っていた。

「〝トランジスタがテレビを変えた!!〟、か」

ほんの一瞬、間があった。

「なるほど、よし、これで行こう」

この黒木案を核にして制作された全七段の広告が、62年5月23日朝の主要新聞各紙に掲載されることになる。

ニューヨークのショールームを黒木君に

話を戻そう。

ニューヨークにショールームをつくる、その集客の目玉はマイクロテレビ、顧客向け施設の新規立ち上げ。これらの要素から盛田が連想した人物、それが黒木だったのも、以上の経緯からして当然だったかもしれない。

黒木本人は、その後、案の定、外国語だらけの外国部に移って悪戦苦闘を強いられていた。それがおよそ2カ月続いたところで、再び盛田の部屋に呼ばれた。

「黒木君、悪いけど、できるだけ早くニューヨークに飛んでくれないか」

「……」

「実は、今度ニューヨークにショールームをつくることにしたんだ。ついてはその立ち上げを君に任せる、だからなんとかしてくれ、頼んだよ」

「ええっ、私がつくるんですか？　東京から行くのは私だけ？　たったひとりで？」

黒木は面食らった。というのも、突然の指示もさることながら、短期間とはいえ外国部で揉まれた経験から、海外への渡航は簡単ではないこともよくわかっていたからだ。第一に、当時は1ドル360円の固定相場で外貨の持ち出しが制限されていた。今のように海外旅行に行くからと最寄りの銀行に行って望みの金額の外貨を簡単に引き出すというわけにはいかなかった。したがって、外貨持ち出しの手続きは煩雑きわまりなく、さらに外務省で受け取ったパスポートを持って、アメリカ大使館にも出頭しなければならない。個人的には、妻と生まれてまだ半年の息子の二人と別れての単身赴任となる。常に気持ちが前向きな黒木といえども、さすがに気が重かった。

8月初め、黒木はニューヨークのアイドルワイルド空港（現・ジョン・F・ケネディ国際空港）に降り立つ。

もちろん、初めての外国だった。見るもの聞くもの、驚きの連続。とりわけ目を見張ったのが箱に入ったティッシュペーパーだった。引き出すと次々に出てくる紙に、手品を見せられているような気分になる。ティーバッグでいれた紅茶を飲んだのも初めての経験だった。こんな調子だから、ショールームの施工業者の仕事ぶりと付き合うのは貴重な経験となった。そもそも、図面の書き方見方が違う。これには参った。ヤード・ポンドの度量衡を使い、しかも日本の習慣的な縮尺では書かれていなかったのだ。ことほどさように、ショールームの立ち上げには苦労した。

しかし、とにもかくにも、およそ70坪ほどのそれほど広くないスペースと格闘し、2カ月足らずで目標の10月1日オープンに間に合わせた。

ショールーム・オープンの目玉は、もちろん、例のマイクロテレビ。

実は、盛田がこの10月1日をオープンの日と定めたのにはわけがある。マイクロテレビの発売日をその3日後の10月4日に設定していたからだ。それまで誰も見たことのないマイクロテレビを、ニューヨークの五番街にオープンしたばかりのショールームで、それも発売日直前に公開する。ソニーにとって、アメリカ人に対する話題づくりとして、これ以上のものはないはずだ。そう信じた上での盛田の作戦だった。

案の定、オープンと同時にショールーム人気に火が付いた。

翌日から一日に7000人を越える人たちがこのわずか70坪のショールームに押し寄せたのだ。閑古鳥どころではない。製品を販売する販売店の機能も兼ね備えていたため、来館者は入れ代わり立ち代わりスタッフに「いつから発売するのか」と聞いてくる。応対する彼らは大忙しだった。こうした様子だったから、発売日の4日になると、新製品のマイクロテレビは瞬く間に売り切れてしまった。すぐに現地法人であるソニー・アメリカの在庫も底をついてしまう。急いで手配した東京からの船積みもなかなか需要に追いつかず、ついに翌11月に2度もパン・アメリカン機をチャーターして製品を空輸しなければならなくなった。航空機の輸送コストは船舶の比ではない。それでも空輸を選択したその最大の理由は、それだけマイクロテレビの人気が爆発的だった、ということだ。そして第二の理由は、国内で他社が競合製品で追随する気配があったため、この際一気に差を広げておくという目論見もあったからだ。

このように、ニューヨークのショールームは期待をはるかに越える大成功だった。その成功に触発されて、『五番街の日章旗』という書籍が出版されたほどだ。

ショールームの果たす役割は想像以上に大きい。企業や製品を世の中にアピールするための手段として、この活用をもっと考え、工夫すべきだ。全米一有名な繁華街、五番街の一角にたたずみながら、盛田は早くも新たなショールームの作戦を考え始めていた。盛田の目の前を行き交う乗用車のバッチやオーナメントに、日本ブランドのそれは見当たらなかった……。

ニューヨークのショールーム開設によって確信を持ったその機能・効果を日本国内でさらに大きく発揮できる施設をこの東京に、数寄屋橋につくりたい。そして五反田村のソニーから、銀座のソニーに生まれ変わる。そのために必要となる巨額の資金は覚悟しよう。この腹が決まったところで、やっと盛田は不二家の前を後にした。

最優先はカラーテレビの開発だ

とはいえ、このとき、盛田の双肩にはソニーの重要な経営課題がのしかかっていた。白黒テレビの次にやって来る、カラーテレビ時代への対応だ。カラーテレビ開発に多額の資金を投入し、その方向性を探り、なんとしても先行するメーカーに追いつき追い越す方策を打ち出さなければならない。

白黒テレビの時代は早晩、終わる……。

1953年の放送開始に伴って生産が開始された白黒のテレビ受像機は59年の皇太子ご成婚をきっかけに一気に普及の速度を速め、60年の出荷台数は約360万台を記録、世帯普及率は44・7パーセントとなり、二軒のうち一軒にはテレビがある時代になっていた。ソニーは既存のテレビ市場で、他社にはない、ポータブルやパーソナルという概念のユニークな製品をつくってその存在感を発揮してはいたものの、もはや一般の消費者にとって白黒テレビは日常的に珍しいものではなくなっていたのだ。

しかも、マイクロテレビを開発製品化するその2年前、つまり1960年の9月10日にはすでにカラーテレビの本放送が開始されていた。これに呼応して、国産のカラーテレビが発売される。発売したのは東芝、日立、三菱電機そして松下電器などなどのいわゆる大手メーカー。当時のソニーとはビジネス規模が違う大企業の独壇場だった。テレビの価格もまたケタ違い。たとえば東芝が第一号製品として世に送りだした21型のカラーテレビの価格は52万円。所帯の1カ月実収入が4万895円（総務省統計局「家計調査年報」による）だったから、カラーテレビを買えば一年の収入が飛んでしまう、まさに高嶺の花だった。

高価であっても、いや、高価だからこそ、世の関心は白黒テレビからカラーテレビへと移っていこうとしていた。消費者は、4年後の64年に開催される東京オリンピックの中継映像を白黒ではなく、なんとかカラーテレビを買って美しい映像で楽しみたい、と考えるようになっていた。各メーカーはこの消費者心理がカラーテレビ発展の起爆剤となって大きなビジネスチャンスをもたらしてくれると期待して、開発にしのぎを削っていた。これからは白黒ではなく、カラーの時代だ。

もちろん、ソニーも指をくわえてこの動きを座視していたわけではない。むしろ、カラーテレビの開発こそ、ソニーが一段と飛躍するための起爆剤になると考えていた。世の注目を集めているユニークな白黒テレビがあるとはいえ、ソニーには、依然としてラジオとテープレコーダーが主力のオーディオメーカーというイメージが強い。競争力のあるカラーテレビがあれば、そうしたイメージを一気に変えられる。音響と映像、両方の製品を持つ〝一人前の〟エレクトロニクス企業に成長できる。

ソニーはカラーテレビの開発で出遅れた。だからこそ、ソニーのつくるカラーテレビは競争力に富んだ独自の製品でなければならない。

「夕飯の明るい食卓を囲んで、家族全員で楽しめる明るい画面のカラーテレビを開発してほしい」
いつしかこれが、技術開発の陣頭指揮を取っていた井深の口ぐせになっていた。先行する大メーカーのカラーテレビがブラウン管に映し出す画像は、それほど明るく感じられなかった。一般的な住環境では、間接照明は珍しく、天井からの直接照明が主流だったため、ブラウン管の映し出す映像が明るい部屋の照明に負けてしまい、薄ぼんやりした絵に見えてしまう。井深をはじめとするソニーのエンジニアはそう感じていた。

カラーテレビが放送局からの電波を受けて画像を映し出すために必須なのがカラーブラウン管。当時国産のカラー受像機が使っていたブラウン管は、米国のメーカーＲＣＡが開発したもので、カラー画像を画面に再現する技術はシャドーマスク方式と呼ばれていた。他人の敷いたレールの上を走るのはごめんだ。シャドーマスク方式を凌駕する明るい画面をつくる、これが井深をはじめ開発陣のどうしてもゆずれない目標になっていたのだ。

この目標をいかにして達成すべきか。

さまざまな技術を検討するうち、ソニーは米国のパラマウント社が提唱していたクロマトロンという方式に白羽の矢を立てる。なんと言っても、画面が明るい。その明るさのレベルがシャドーマスクとは比較にならないのだ。そこでソニーは１９６１年12月、このパラマウント社と製造に関する技術援助契約を締結する。

とはいえ、いざこのクロマトロン方式の開発にとりかかってみると、製品化までの道のりは想像以上に厳しかった。あらかじめある程度の覚悟をしていたとはいえ、1年間開発に取り組んでみて、クロマトロン方式のブラウン管をオリジナルのアイデア通りにつくりあげるのがきわめて難しいことがわかってきていた。それだけに開発が思うように進展せず、当初目論んだスケジュールがとめどもなく先延ばしになっていく。もともと開発がうまくいけば1964年10月に開催される東京オリンピックまでに製品化できるかもしれないという思惑もあった。しかしオリンピックに間に合うどころか、いつになるとその開発が完了して製品化のメドがたつのか、その具体的な見通しすらつかない状態が続いていた。

今のままでは、テレビのカラー化の波に乗り遅れてしまうかもしれない。それだけではない、開発に時間がかかっているため、そこに投入する資金は予想以上に膨らみ続けている。なんとしても、クロマトロン方式のカラーテレビを製品化して市場に打って出なければならない。そうでないと、先行する大メーカーに圧倒的な差をつけられてしまう。ところが現状は誰が見ても芳しくなく、社内にも、性能と価格の両面で本当に競争力のある製品ができるのかと危惧する空気がただよっていた。そんなときに、数寄屋橋の地所を買い取るために巨額の資金をつぎ込むという自分の判断が果たして許されるのか、不二家の前にいた盛田にはこんな悩みもあったのだ……。

ソニー製品を的確に発信しよう

年が明け、63年の初頭、まだお正月気分も抜けきっていないある日のことだった。盛田は自室の隣にある社長室のドアをノックした。

「井深さん、例の数寄屋橋の件ですが」

「考えはまとまったの？」

「ええ、いろいろ考えましたが、やはり初志を貫徹したいと思います。全体がショールームになっているビルをつくりたいのです。おそらく日本にまだそんなビルをつくった人はいないと思いますが」

「盛田君、誰もつくったことがないから、つくりたいんじゃないの。顔にそう書いてあるよ」

いつものように静かに話す井深の目は微笑んでいた。それは盛田に対する信頼のまなざしだった。ふたりがパートナーとなってすでに17年がたつ。盛田の決断について、それ以上話をする必要はなかった。

とはいうものの、周囲の経営陣には一抹の不安があった。

「ショールームビルって一体何ですか？　そんなの聞いたことがありません」

「わざわざショールームビルをつくっても、それで収益があがるんでしょうか。利益が期待できる貸しビルならわかりますが」

「ショールームだけのビルって、世の中の人たちになじみがありませんよ。第一、私たちにもイメージが浮かびません。製品を見たいと思ったら、デパートか販売店に行けばすみます。お客さんがそのためにわざわざ数寄屋橋まで足を運びますか？」

ショールーム、という概念ですらまだ一般にはなじみのない時代だった。つまり、企業の製品やサービスを販売するところではなく、顧客が自由に出入りし、彼らが関心を持っている対象について、その説明を受ける、それも気兼ねなく受けられる、そんな施設やスペースは、まだまだ世の中では珍しい存在だったのだ。

したがって、ソニーの経営陣が、盛田のショールームビル構想に異論を唱えたのは自然のなりゆきだった。彼らは、ややもすれば、世間からは、ソニーの趣味や道楽ではないか、調子に乗るなと言われるかもしれないという心配もしていた。経営陣がそこまでは思わないにしても、目下のソニーの経営状況の中では、ショールームではなく、自社ビルをどうしても建てたいというなら、もっと身の丈に合った構想に変更すべきでは、という見方が経営陣の間では支配的だった。

しかし、盛田はあきらめなかった。というのも、ショールームという存在が潜在的に持っている世の中への発信力の大きさをニューヨークで文字通り、肌で感じていたからだ。発信する

1950年に発売された日本初のテープレコーダーG型。

なら銀座からだ。五反田からではない。銀座しかない。その力がどれほどのものか、今にきっとわかってもらえる。ソニーのビジネスはこれからまだまだ拡大・発展する。今以上に世界と勝負できるようになるはずだ。その発展の礎を築くという意味でも、今、手を打つべきだ。

盛田を支える井深も、共通の認識を持っていた。すなわち、世の中の人たちにとって、目にする製品が斬新であればあるほど、製品の作り手は、その内容や顧客にもたらす便益を的確に伝える必要があるという認識だ。それはソニーが50年6月、日本初のテープレコーダー、G型を発売して以来、その販売に共に苦労を重ねた経験があって初めて生まれた認識だった。

井深は、1946年に消費者向けのエレクトロニクス製品をつくる目的で東京通信工業を設立した。つまり東京通信工業の創業者だ。設立当初は、「世の中にないもの、良いものさえつくれば、どんどん売れるはず」と考えていた。だから50年8月に製品化に成功したG型も、世の中にないもの、良いものだから、順調に販売できると信じていた。

ところが、いざ売り始めてみると、この信念は見事に裏切られてしまう。幅広い顧客層を誇る日本橋の三越なら、きっと買ってくれる人がいるはずと期待して展示してはみたものの、客の反応は芳しくなかった。ぴくりとも動かない目の前の在庫をなんとかしようと、とにかく知恵を絞る。その結果、学校の教育現場にその可能性を見つけ出す。ただし学校に対して直接売り込みの活動を展開するのではなく、学校にとっていかに視聴覚教育が大切か、その重要性を説く活動を地道に続けたのだ。

これがなんとか功を奏したおかげで、しだいに視聴覚教育への関心が高まると、その視聴覚教育に必要となるテープレコーダーの効用にも徐々に注目が集まる。そしてそこから自ずと教育現場には需要が生まれ、全国の学校に浸透していく。この経験から井深・盛田は、企業にとって、とりわけ、初めて世の中に生まれた最先端の製品をつくっている企業にとって重要なのは、その製品を求める市場そのものをつくりだすこと、つまりマーケットの創造だと理解した。後に盛田は「マーケットの創造とはマーケットを教育することだ」と語っている。

したがってショールームビルをつくる最大の目的のひとつは、ソニーの製品の先進性・利便性などを的確に消費者に伝えることであり、それがマーケットの創造につながるのだ。たとえその場での直接的な売上が期待できなくても、大局的、またソニー全体で見れば、それ以上の大きな利益をもたらすはずだ。盛田はそう信じていたし、井深もまた同じ思いだった。

ビルの設計？　そうだ芦原先輩がいる

井上公資《いのうえこうすけ》という人物がいる。

盛田と同い年、名古屋市にある旧制第八高等学校の同級生だった。卒業後盛田が大阪帝国大学に進学したのに対して、井上は東京帝国大学工学部に進み、卒業するとソニーに入社。建築学科の学識を活かしてソニーの業容の拡大に伴って必要にせまられた工場や東京、大阪、名古屋などにある支店の建物の建設にかかわる。ちなみに、井上の祖父である井上円了は、東洋大学の創立者、東京都中野区の哲学堂公園にある哲学堂を建設した人物でもある。盛田にとって、貴重な信頼できるスタッフのひとりだった。

井上は幅広い能力を持ち合わせていた。技術者であるにもかかわらず、50年代、ソニー商事にあって広報宣伝の担当者としてパブリシティーの手腕を発揮する。このとき、ソニーのブランドイメージ向上に大いに貢献したキャラクター〝ソニー坊や〟の誕生にも一役買っている。

これから建築しようとしているビルに対する知識・知見を持ち、しかも広告宣伝の経験もある。さらにおあつらえ向きなことに、井上には特殊な調整能力があった。それに期待して、盛田は58年9月にソニーの厚木工場半導体部検査課長に異動していた井上を本社に呼び戻し、62年5月1日、つまりソニー企業の設立から1年後に同社に出向させ、このプロジェクトの推進役に指名する。

盛田が井上に期待したのは、利害が対立する人たちの間の交渉を、巧みにまとめてしまう特殊な能力だった。井上はその期待にこたえ、土地の買収交渉に力を尽くすことになる。なかなか一筋縄ではいかない土地買収の交渉をなんとか前進させるために、吉原をはじめとする関係者と協力して、少しずつ交渉相手の気持ちをときほぐす努力を重ねていった。さらに、ここ一番という交渉の節目節目では、盛田や井深までもそのテーブルに引っ張り出し、なかなか首をタテに振ろうとしない相手と文字通り膝詰めの話し合いまでしたこともあった。こうしたひたむきな取り組みが翌63年の1月に初めて実を結ぶことになる。それがすでに述べた約35坪の土地の譲り受けだった。

こうして、8カ月ぶりに土地買収の交渉に突破口を見いだすと、五反田にあるソニー本社の関係者の中でも、ビル建設に向けての体制が少しずつ整っていき、それに連れて、どんなビルにするか、その構想をめぐる議論にも拍車がかかるようになった。

こうした議論がある程度煮詰まってくると、ビルの設計を誰に任せるのか、その建築家を決める段階へと移っていく。盛田と井深の二人は共に、どんなことをするにも一流志向を貫いていた。そして同時に、委託する建築家には、彼らがエンジニアに求めているのと同じ要件、つまり先進性・独創性を期待していた。

「井上君、君なら誰にする?」

「私なら、芦原義信《あしはらよしのぶ》さんですね。今、オリンピックを目ざして建築中の駒沢体育館は芦原さんの設計です。それに盛田さんと同じで、戦争中は、海軍将校でしたしね」

海軍将校と言えば、盛田も大阪帝国大学理学部卒業後、海軍中尉になった経験がある。盛田が井深と初めて出会ったのもこの海軍時代だった。帝大を卒業し海軍士官となる、この共通の経験に盛田は芦原になにか特別な親しみを感じたとしても不思議はないだろう。

「よし、会ってみよう。井深さんにも声をかけて同席してもらおう」

芦原義信。1918年東京生まれ。1942年東京帝国大学工学部建築学科を卒業して海軍の技術士官となる。戦後、1953年にハーバード大学大学院に留学した経歴を持つ、当時新進気鋭の建築家だった。井上公資は東京帝国大学で芦原の三年後輩で、実際に個人的にも互いに旧知の間柄。数寄屋橋のビル建設構想が浮上してからずっと、芦原に頼めないかという思いを抱いていた。

1962年の暮れ、井上は原宿という通称のほうが有名な、渋谷区穏田一丁目（現在の神宮前四丁目）にあるセントラルアパートに向かう。訪問するのは、その地階にある芦原建築設計研究所だった。56年に設立して以来6年間で、20人ほどの所員を抱える中堅の建築事務所にまで成長、まさに発展途上の勢いのある研究所だった。運良く、芦原は所長室にいた。当時一年半後に控えている東京オリンピックのための駒沢体育館と管制塔、さらには岡山県児童会館など次々と舞い込む仕事で、忙しい毎日を送っていた。そんな最中に、井上がひょっこりと顔を見せた。

「井上君、どうしたの、急に。なにか困ったことでもできたのか？」

「いきなりすみません。実は……前々からお話ししていた例のソニーが計画しているビルのことで」

「それがどうかしたの？」

「その相談で来ました。いきなりで本当に申し訳ありませんが、今から私と一緒に来ていただけませんか、ホテルオークラまで」

井上はとにかく芦原を港区虎ノ門にあるホテルオークラに連れて行く。原宿の表参道から六本木通りを通って東に5キロ余り。クルマで10分ほどだ。ホテルの一室には、井上のことば通り、井深と盛田が待っていた。

「芦原先生、突然お呼び立てして本当に申し訳ありません」

盛田はこう切り出すと、ソニーには数寄屋橋にビルを建てる計画があること、そしてその計画を具体化するためのアイデアを専門家から探っていることを告げた。

「井上君、芦原先生は君の東大の先輩だそうだね」

「そうです。20年来、親しくお付き合いいただいています。後輩の私が申し上げるのは僭越かもしれませんが、人柄も言うことはありませんし、ビルの設計はこの芦原先生をおいて他に見当たらないと私は思います。それに、戦争中、海軍の将校でいらっしゃったことは以前お話しした通りです」

そう答えると、さらに次のように続けた。

「芦原先輩は文藝春秋が評価している日本人建築家10人のひとりです。今、建設中の駒沢体育館は先輩の設計であることはつとに有名です。それだけではなく、戦後ハーバードに留学して近代建築を勉強なさった経験もあり、街並みがつくりだす空間とそこにある建物との関係を独自の視点から考える、という点でも、独創的なお考えの持ち主です」

そして、60年には、設計を手がけた中央公論ビルが日本建築学会賞を受賞、日本建築学会理事であることを付け加えることも忘れなかった。

目指すのは日本初のショールーム集合体

井上のことばを引き取ると、盛田は芦原に、ソニーが数寄屋橋にどんなビルを建てたいのか、その考えの一端を語り始めた。

ソニーにとって今日のものは過去のもの、だ。一日一日、夜が明けるたびに新しいソニーが生まれてくる、私たちはそんな毎日を送りたい。製品づくりという活動の中で、〝日本で初めて〟〝世界で初めて〟を自分たちの目標に置いて、技術革新の道をひたすら歩いて来た、いや全力で疾走してきたつもりだ。初期のころ、独創的な製品は独創的でありさえすれば、それが認められて自ずと売れるもの、と考えていた。ところが、現実はそんな甘いものではなく、売れずに四苦八苦したことも一度や二度ではない。そうした経験を重ねたおかげで、その技術革新がどんなものであるのか、それを世の中の人たちに理解してもらう作業そのものが、ユニークな製品を開発するのと同じように非常に難しいことがわかってきた。

具体的に言えば、1950年に開発した日本初のテープレコーダーの売り込みで、そのことをまず痛感した。初めてのトランジスタラジオを発売したときもまた同じだった。世の中の人に理解してもらうには、新聞やラジオ、テレビの広告という手があり、それに頼るのが一般的な手法だ。ただし、それだけでは十分ではない。広告の量にはたえず資金的な制約がつきまとい、われわれのような斬新な製品ほど、そのよさを浸透させるのには時間や労力がかかるのだ。

テープレコーダーやトランジスタラジオの販売に取り組んだ経験から学んだのは、新しい製品を〝直接見せる〟のが、最も手っとり早く、顧客に理解してもらうための方法だということだ。これは、新聞・雑誌や放送を使った広告よりも、遠回りのようでもあり、また手間もかかる手法かもしれない。

しかし、われわれは、59年の6月に数寄屋橋に開設したショールームやその3年後、62年の10月に開設したニューヨークのショールームを手がけた経験のおかげで、直接見せて説明する、という手法は決して間違っていないと確信を持つようになった。というのも、ショールームにはわれわれの予想をはるかに超えた反響があり、訪れた顧客がスタッフに笑顔を見せてくださることをなによりもありがたいと思っているからだ。〝見せる〟手法が非常に有効であることを、この数年間というもの、実際の体験を通して教えられてきた。こうした経験はわれわれにとって大変貴重なものだと考えている。ショールームを開設しまた運営するための費用は決して小さくはない、むしろ、白状すれば、ソニーのような小さな企業にとっては経営的にも大きな負担になる。けれども、ショールームはわれわれに、その費用に見合う以上の価値をもたらし、そして学習の機会を与えてくれている。

もちろん、他の企業にもショールームを持っているところはいくつもあるだろう。しかし既存のショールームの場合、顧客に積極的に働きかけるというよりも、どちらかといえば関心のある人だけが訪れるのを待っている、そして同時にそこのスタッフもそうした顧客に応対すればそれでよし、とする姿勢がこれまでは一般的であったように思う。その視点からすれば、われわれがこれまで開設してきたショールームもまた、残念ながら、その例にもれないかもしれない。しかしだからこそ、そうした既存のショールームの概念をくつがえしたいと考えている。

ソニーの新たな目標は、〝一般の市民に向かって積極的に働きかけるショールーム〟を創造すること、今まで誰もつくったことがないようなショールームを生み出すことにある。

具体的なイメージはまだこれからで、各方面の専門家の方々からもアドバイスを頂戴していくつもりだ。しかしはっきりと言えることは、ソニーにそれほど関心のない人たちにも魅力があり、一度は足を運んでみたいと思わせるそんな今までにない建物でなければならない、ということだ。そこに足を踏み入れると、何か興味深いもの、素敵だと感じるもの、輝くような新しさのあるもの、そんなものに出会える。そしてそこは、誰もが楽しいと感じる空間で満たされている。

数寄屋橋の一角に、このような場所をつくりたい。

ただし、そこをわれわれソニーだけが占有するような空間にしてしまうと、どうしても来場する人が限られてしまう。そこで、まだまだ検討中の段階なので、なんとも表現は難しいが、ソニーのイメージに合った、あるいは似通った顧客層を持つ一流企業各社に協力のお願いをして、いわば〝ショールームの集合体〟をつくりたい。

言い換えればショールームの革新に取り組みたい、ということだ。

芦原はこのとき45歳。その4年前の1959年、41歳のときに手がけた東京都中央区の中央公論ビルで日本建築学会賞を受賞し、さらに64年のオリンピック施設である駒沢体育館を設計するなど、建築家として脂が乗り切っていて心身ともにまさに充実している時期だった。とはいえ、ビルの建築を計画している企業の経営者が自ら乗り出して、委託しようとしている建築家にいきなり会って意見を交換する、という場面に出くわした記憶はほとんどなかった。企業がつくるビルの設計作業の大半は、まずは、その企業のビル建築責任者がやりとりを始め、その後も建築家との窓口になる場合がほとんどだったからだ。

芦原は戦後、フルブライトの留学生制度を利用した最初の人物のひとりとして53年にハーバード大学に留学。近代建築を学んで博士号を取得した後、有名な建築家、マルセル・ブロイヤーのもとで働き、当時の先進的な建築の思想を学んだ。その後帰国すると56年に自らの建築設計事務所を創設する。自分自身が、将来に向けて大いに夢を持ち希望に燃えていた。アメリカでそして日本に帰って来てからも折に触れて、ソニーの打ち出す新製品、たとえば日本初のトランジスタラジオ、あるいは世界初の小型トランジスタテレビといった先進的な製品を次々に開発し国際的な存在感を高めているソニーの経営姿勢に共感をおぼえていた。自分自身の仕事と重ね合わせていたのかもしれない。いやそれ以上に、戦後の日本をどのようにして立ち直らせ、これからの時代を意識し、そして世界に進出していくかという気概をソニーの経営から感じ取っていた。

それだけに、ホテルオークラのあと、ときを移さず、ソニーから正式な依頼があったとき、まさに「我が意を得たり」という心境だった。

五人で徹夜のミーティングだ

63年初頭になりごく狭い土地とはいえ、実際に取得できたのをきっかけに、ソニーの社内では新しいビル計画に打ち込む建設委員会が組織される。関係する部署、すなわち総務や経理、宣伝やデザインといった部署から関係者が指名され、ビル建設について多角的な検討を繰り返すことになった。この委員会には井深、盛田も毎回必ず顔を見せた。芦原という建築家を得たとはいえ、当初の議論は依然として漠然としており、ビルのイメージについても共通の具体的なイメージはできあがっていなかった。土地の取得交渉の進捗状況をながめながら、土地が取得できた場合、できなかった場合をいくつも想定して、ビルの構想を考えなければならなかった。

当初、委員会のメンバー共通の認識は、おおざっぱなまま。つまり、「数寄屋橋の一角に建っている単なる繁華街のビル、ではなく、銀座を訪れる人たちの憩いの場である」

「他には見られないユニークなデザインとする」

という程度の認識だった。

井深・盛田を前にしてまさに議論百出、建設委員会がいくら回を重ねても、なかなか全員が納得のいくような妙案が浮かばず、いたずらに時間ばかりが過ぎていく。64年のオリンピックは無理でも、ソニー創業20周年にあたる66年にはビルを完成させたい。この盛田の思いからしても、残された時間はわずかに3年余り。もはや一分一秒もおろそかにできない。

「倉橋君、気分を変えよう！　このままではいつまでたっても話が終わらない。検討する人数を少なく絞ることにする。場所も変える。会社の外に出て静かなホテルの部屋でやろう」

盛田は倉橋に指示して、以前芦原と面談したあのホテルオークラの一室を予約する。同時に集めた面々を宿泊させるための部屋も予約。いくら時間はかかってもいい、もとより徹夜は覚悟、時間を一切気にしないでお互いが納得いくまで徹底的に議論を尽くそう。

ここで盛田が選んだメンバーは4人。言うまでもなく、このプロジェクトを推進する中核的な人物に絞り込んだ。

まず芦原義信。言うまでもなく盛田がビルの設計を任せたキーパーソン。

次に井上公資。ソニー企業の取締役にして、現場の第一線でビル建築のプロジェクトを総括する責任者。

三人目は黒木靖夫。ソニーのデザイン室。62年に開設させたニューヨークのショールームを、盛田の期待に違わず大成功に導いた功労者。盛田はこのビル建設の構想の初期段階から黒木に何かと相談し、そしてその内装やデザインなどの面での総括担当にしようと考えていた。

最後のひとりは倉橋正雄。ソニーの総務部長。1913年生まれで盛田の8歳年上の当時50歳。このメンバーの中では最年長だ。


盛田が倉橋を指名したのは、文字通り全幅の信頼をおいていた人物だったからだ。もちろん、総務部長という立場にあれば、ソニーとソニー企業の両方と話ができて、なんでも柔軟にこなせ、ビル建設の実務の中核的な存在になれるという理由もあったのだろうが、それ以上に、盛田は自分の期待に応えられるのは倉橋をおいて他にないと信じていたはずだ。

それだけの信頼感を盛田から獲得する契機になったのは、G型のテープレコーダーの販売貢献だった。世の中に初めて姿を現した製品を販売するには、その製品の市場を創造する必要があり、それを実現するためには製品のよさを顧客に教育しなければならない、と井深や盛田に気づかせるのに一役も二役も買った人物、それが倉橋だったのだ。盛田は倉橋に教えられた。

1950年に発売したG型のテープレコーダーの初めて売れた先が、学校でも官庁でもなく、意外にも八重洲にあるおでん屋だった。この事実は、ソニーの歴史の中でよく知られたエピソードになっている。給与所得者の年間給与額の平均がわずかに10万と100円（国税庁・民間給与実態統計調査結果による）の時代に、16万8000円の値札が付けられた製品を最初に売った人物は、井深でもなければ盛田でもない。倉橋だったのだ。しかもこのとき、倉橋はソニーの前身である東京通信工業の社員ですらなかった。八雲産業という企業の専務だった。

八雲産業、社名から受ける印象は商事会社のようだ。ところがこの企業は、元侯爵徳川義親が経営、つまり尾張徳川家の財産管理を業務にしている組織だった。単に昔から継承されている土地や金品などといった動産、不動産の管理だけでは先細りになる一方であったため、倉橋は日々、徳川家のために何か新しい仕事がないかと頭を悩ませていた。そこで目をつけたのが、五反田のバラックのような工場で井深・盛田に会ったときに見せられたG型の試作品だった。

一目見て新しい仕事はこれだと閃くと、それ以降、何度か五反田に足を運び、製品化された暁には大量50台を一括で引き取ると持ちかけた。当時現金がいくらあっても足りなかった東通工にとってこれは非常に魅力的な取引条件だった。何度かの交渉の末、倉橋は販売の承諾を得る。一台あたり12万円、50台分の代金600万円の小切手を切り、目白の徳川家の倉庫に現物を運び込んだときは、これで八雲の経営にもよい風が吹くと喜んだ。

ところが、あに図らんや、倉庫にある600万円分の在庫はひと月たってもふた月たってもピクリとも動かない。そんな途方に暮れていた倉橋に、やはり徳川家に仕えていた広田という人物から嬉しい声がかかる。「買う」というのだ。その買い手こそ広田の出資している会社が経営するあの〝八重洲のおでん屋〟だった。この販売に力を得て、倉橋は重量が45キロもあるテープレコーダーを入れた重いリュックを背負い、放送局や裁判所、学校など、音声を記録する需要がありそうなところに売り込もうと全国行脚を続けた。

鹿児島のある放送局を訪問したとき、日はとっぷりと暮れていたにもかかわらず、旅館の宿泊代を節約するため最終の列車になんとか飛び乗って東京に戻った。こんな経験も一度や二度ではない。厳しい仕事だった。こうした苦労を重ね、また雇い主の徳川家の口利きも手伝って、国立国会図書館が官庁として初めて、このG型の納入先になった。50年11月のことだった。

盛田がこの倉橋の精力的な仕事ぶりを見て放っておくはずはなかった。倉橋の〝スカウト〟に動いたのだ。徳川家に仕える人たちが頑として首をタテに振ろうとしないにもかかわらず、井深と一緒になって1週間ほど粘りに粘って頼み込み、翌51年1月、倉橋の東京通信工業入社を承諾させてしまう。その翌月には新設の販売会社「東京録音」の常務取締役営業部長としてテープレコーダー販売に取り組むことになった。ちなみに、東京録音はその後発展し、丸泉となった後、54年5月に発足する東通工製品の販売を業務とする東通工商事となる。

そしてその販売戦略のアイデアを盛田と共に考えながら、倉橋自らが率先して販売の第一線に飛び込んでいった。テープレコーダーの販売でその右に出る者はいなかった。そんな倉橋の姿から盛田が教わったのが、先に述べたソニー流の考え方「マーケットの創造とはマーケット

岡部冬彦氏の漫画『アッちゃん』の主人公を使ったキャラクター、ソニー坊や。
（ソニービルの展示より）

を教育すること」だった。盛田は後年、口ぐせのようにこう言っていたという。
「あの人はすごい。ものを売る達人だ」

倉橋の貢献はG型だけで終わらなかった。ソニーが次々に生み出すラジオ、テープレコーダーの新製品の販売戦略でも、すぐれたセンスを発揮する。

東京通信工業という社名の知名度を上げると同時に、製品の購買層に、ソニーというブランドに親しみを持ってもらうにはどうすればいいか。まさにブランド戦略だ。

そこで倉橋は、50年代当時、『週刊朝日』に連載され全国的な人気を誇っていた漫画『アッちゃん』の主人公、〝アッちゃん〟に目をつけた。G型テープレコーダーの売り込みをかけている教育分野→学校→子ども

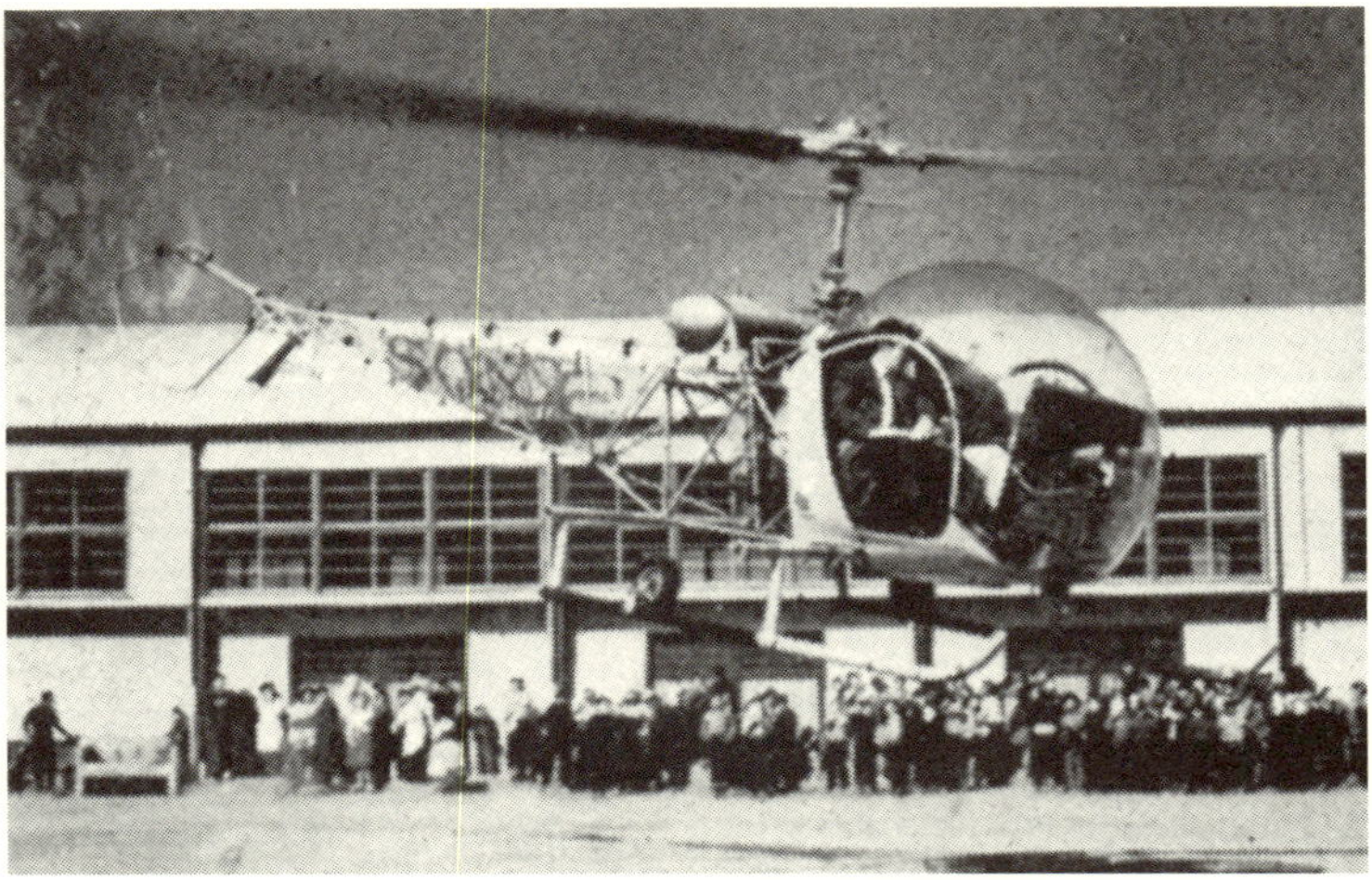

ソニーのプロモーションに活用されたヘリコプター“ソニー号”。

という連想があったかどうかは定かではない。しかし、東通工という社名の認知度を上げるために、作者の岡部冬彦と話し合いを重ね、首尾よく、企業のキャラクターとして使用することを許された。56年9月のことだ。その前年の55年にはすでに東通工の製品に社名ではなくSONYのマークを使用していたため、このアッちゃんを〝ソニー坊や〟と呼んで、活字媒体や放送、あるいはカタログの上でアイキャッチャー(当時使われていた表現)にした。

使用許諾を得た翌月には早くも〝ソニー坊やの歌〟(作詞：飯沢匡、作曲：服部正、歌：ダークダックス。岡部冬彦と同様に、一流を起用している)をつくっただけでなく、その人形を、順次、ソニー商事(57年8月に東通工商事から改称)が3000軒にまで拡大していた販売特約店の店頭に置いていった。

広告宣伝について倉橋がソニーの担当なら、井上のほうは東通工商事の広報室長として、倉橋と協力する立場にあった。よいコンビだった。この二人が考え出した販売推進策は、非常に斬新だった。トランジスタラジオの愛用者に毎月抽選で、ソニーの宣伝用ヘリコプター〝ソニー号〟による空の散歩をプレゼントするというアイデアで、これは大いに話題になった。

58年1月、東通工は社名をソニーに改めた。そしてこのソニー坊やは、社名をも同一にした〝ソニー〟というブランドの浸透にさらに効果を発揮したのだった。

ヒントはグッゲンハイム美術館に

ホテルオークラの一室に話を戻そう。

盛田をはじめ、建築家の芦原義信、ソニー総務部長の倉橋正雄、同じくデザイン室の黒木靖夫、そしてソニー企業に出向している井上公資の五人が顔を揃えた。

設計図面を引くのは芦原。したがって、〝ソニー側〟の四人が、芦原を囲むような感じで話を始めた。これまでの建設委員会の議論を振り返り、その議論を発展させながら、同時に、新しいビルに対する各自の〝夢〟を語り合った。当初から予期していたとはいえ、案の定、徹夜になった。議論が煮詰まってきた、というより、各自の頭の回転が思うに任せない雰囲気になっ

グッゲンハイム美術館。

てきたところで、誰が言うともなく、確かに、ソニーのショールームをつくりたい、しかしソニーに限定せず、そのショールームを核のようにした総合的なショールームビルにしてはどうか、という発想がまとまり始める。

そんなとき、盛田が思い出したようにこんなことを言った。

「以前、ニューヨークで立ち寄った美術館、グッゲンハイム美術館が何かヒントになるんじゃないか？　確か、上の階から展示を見ているうちに、いつの間にか1階まで降りてくる、そんな構造になっていたと思う」

グッゲンハイム美術館はおよそ15年の歳月をかけて1959年10月、アメリカ・ニューヨーク市のセントラルパークの東に建てられた斬新なデザインの施設だった。これを設計したのは、東京の帝国ホテル旧館を設計した建築界の巨匠、フランク・ロイド・ライト。ただしライトは、この美術館竣工を目前に惜しくも他界している。

この優美な外観の建物についたあだ名は、〝白いかたつむり〟。その名が示しているように、渦巻きのような丸い形をしている。8階建ての建物の中央部には、大きな吹き抜けの明るい空間がつくられ、それを取り巻くように上から下まで渦巻き状のスロープがしつらえられている。鑑賞に訪れた人たちはまず、エレベーターで最上階に上がり、その渦巻き状のスロープを下りていく。展示してある作品を順番に楽しんでいると、知らず知らずのうちに1階にまで降りてしまっているという設計だ。盛田はこの〝いつの間にか降りてくる〟という発想に感心したことを、このとき思い出したのだった。

訪れた人たちが、フロアに並べられた展示物のひとつひとつに、次々と興味を抱きながら見て回れる、そんなグッゲンハイム美術館の発想そして構造をさらに進化させたようなショールームビル。それこそが、数寄屋橋の交差点につくるべきビルではないのか。今の日本にはそういったビルは見当たらない。だからもし、これが完成した暁には独創的な構造の建物になるだろうし、従来のショールームでは望めなかった集客力も期待できるかもしれない。この盛田のグッゲンハイム美術館論が起爆剤になり、眠気がどこかに消えてしまった五人の議論はさらに盛り上がっていった。

言うまでもなく、このアイデアに最も触発されたのは芦原だった。

渦巻き状の階段ではなく、渦巻き状のスロープを歩きながら地上階まで降りてくる、これはショールームビル内部の人の動かし方としては、今までにない、斬新なアイデアだ。とはいえ、グッゲンハイム美術館と比較すれば、新しいビルの建築規模は数分の一以下になる。だとすると、建物内部に渦巻き状のスロープをつくれるだけの十分なスペースを確保するのはむずかしい。どうすれば、この発想を新しいビルの設計に取り入れられるのだろうか。芦原はそのとき、自分が取り組んだ実績のあるステップフロアの応用を思いつく。（次ページの図参照）

芦原がこのステップフロアのアイデアを学んだのは、ブロイヤーのもとで仕事をしていたときだった。ブロイヤーはステップフロアを実に巧みに設計に取り入れていた。このステップフロアの特長は、空間が流動するような演出効果を得られることにあった。芦原自身も、帰国後、この手法の応用を試みている。ハーバードの大学院留学時代に友人となった中曽根康弘から、東京の私邸の設計を依頼されたとき、このステップフロアをリビングルームに展開したという。ステップフロアのアイデアは、当時の日本では文字通り斬新、なおかつ先進的な建築手法だったのだ。

本当なら渦巻き状のスロープがベストかもしれない。数寄屋橋の一角の狭小地では実現可能性がきわめて低いものの、ステップフロアを応用することによってスロープの概念を活かした空間ができあがるはずだ。

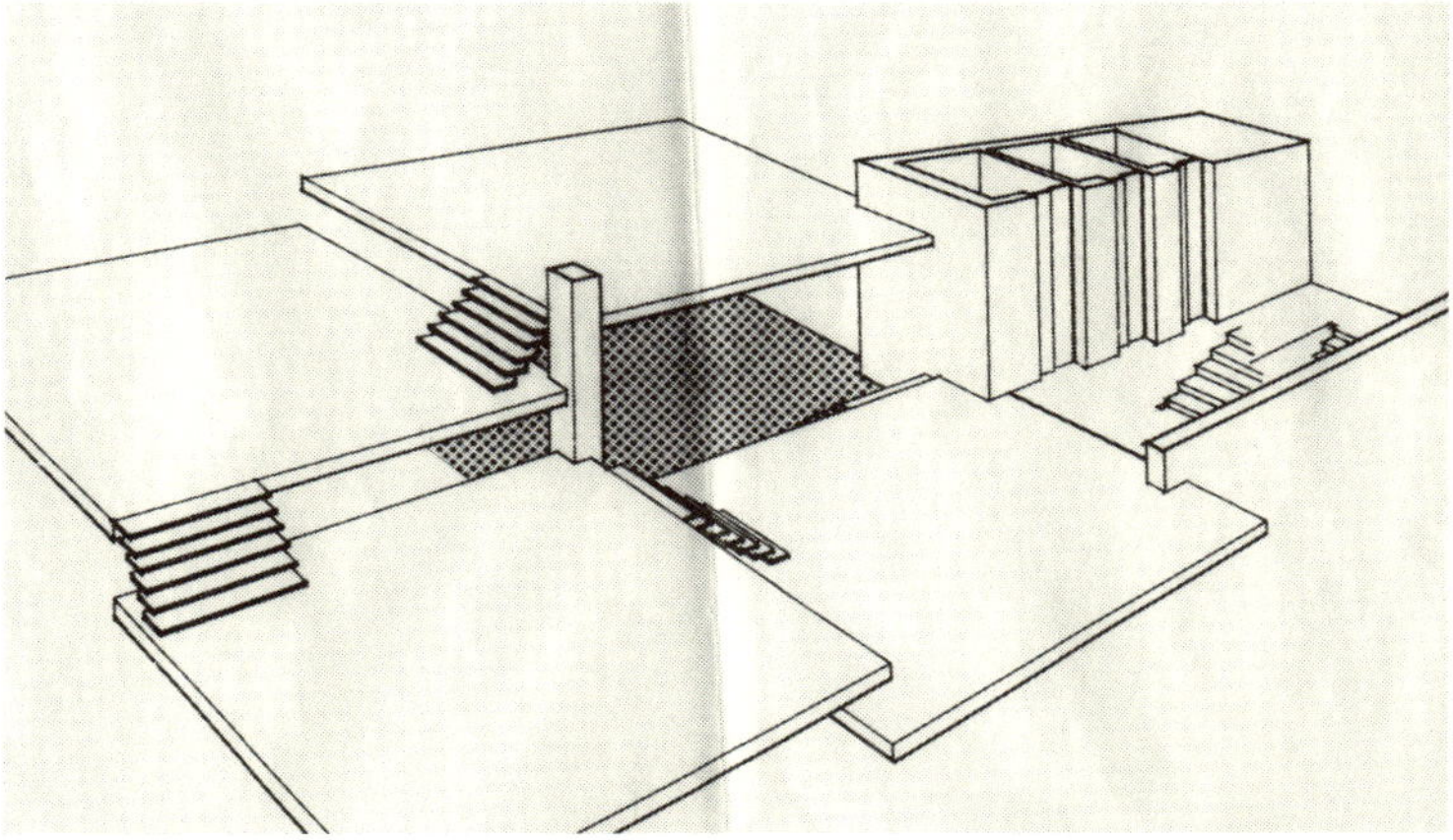

各階がらせん状につながるステップフロア(右奥に並んでいるのが3基のエレベーター)。

スロープはいわば〝連続〟、一方ステップフロアは〝重ね合わせ〟。

この両者を融合させることによって、まさにこのとき、新しく生み出そうとするビルの基本骨格ができあがったのだった。

これを受けて、盛田は言った。

「そうですよね。グッゲンハイムのような建物の中で活かすスロープという考え方を延長していけば、ステップフロアによって訪れた人を上下に移動させるショールームビルというのは、〝タテのプロムナード〟に発展する可能性がありますよね」

街の中にある広場

芦原はアメリカで建築を学ぶ過程で、日本には、たとえばイタリアに見られるような〝街の中にある広場〟といった公共的な空間がないことに気づき、自身が設計する建築物になんとかその種の空間を取り入れる発想ができないものかと考えるようになっていた。ローマに建築物を見学に行ったとき、公共の空間が日本とは比較にならないほど広がっていることを実感した。しかもそうした空間が連続的につながっており、広場やカフェなどがその空間を有機的に構成し、しかも大きな広場の中心にある教会は24時間開いている。

そのおかげで、ローマでは自分の住まいを一歩出ると、住民にはそうした公共の空間が目の前に広がっているのだ。町を気ままに散歩したり、人に会ったり。たとえお金を払わないでも、誰もが行けて、自由な時間を過ごせる場所がある。そんな環境が町を豊かにし、住民の生活を楽しいものにしてくれている。残念ながら、日本にそうした豊かな空間の広がりがあまり存在しているようには思えない。

だから、いつかは設計する建築物になんとか〝公共の空間〟をつくりたいと考えていた。その観点から、ソニーが計画しているビルの中にあるのは〝プロムナード〟、という盛田の発想に共感をおぼえた。つまり、盛田も、誰もが自由に時間を過ごせる空間をつくりたいと考えていたのだった。〝タテのプロムナード〟は、当時のショールームビルの設計にとって実に新鮮な発想だった。

芦原は〝タテのプロムナード〟を具現化するために、次のような提案をした。各階の床を田の字型に四分割し、真ん中の柱を中心にして分割された床を段違いに下げて設置する。そうす

“花びら構造”のステップフロアがソニービルを特徴づけた。

れば柱をひと回りすると1階分下がることになる。名付けて〝花びら構造〟。グッゲンハイム美術館の〝渦巻き状のスロープで連続的な人の動きをつくり出す〟という基本概念を狭い空間に展開するための工夫を施した、興味深い、斬新なアイデアだった。

盛田以下その場の四人は全員このアイデアに出合ったことで、やっと新しいショールームの姿が、漠然としてはいるものの、見えてきたような気がしていた。

芦原は、新しいビルにもうひとつ新鮮な息吹を吹き込もうとする。住民の住まいと公共の空間との連続的なつながりを、この数寄屋橋の一角にも持ち込めないものか。つまり、ビルが接する晴海通りと外堀通りと、ビル内部の〝タテのプロムナード〟が連続的につながる、そんな役割を果たすような空間がつくれないものか？　従来、角地に建てるビルの玄関は、その角（すみ切りという）をうまく使って、どちらの方向からでも人の出入りがスムーズになるようにするというのが、常識的な設計手法だった。しかし、この手法をとると、玄関のドアによって通りとビルとが空間的に完全に切り離されてしまい、連続性がなくなってしまう。

一方で、花びら構造を実現するためには、エレベーターをこの花びら構造とは別に設置する必要があった。そうでないと、来訪客を一気に最上階まで運び上げられない。このエレベーター設置に必要な場所を確保しようとすれば、角地にわずかなスペースが残ってしまう。

だとすると、この角地を、ビル内部と例の〝タテのプロムナード〟とを連続的につなげる空間として活かせれば、玄関ドアを常識的な位置には置かないという芦原の意図にもつながり、まさに一石二鳥の工夫となる。

この角地の面積はわずかに10坪程度とはいえ、〝土一升金一升〟と言われる銀座の土地だ。一切のムダは許されない。だからこそ、そこを更地に近い状態で残す、というのにはそれなりの覚悟がいる。

芦原は、盛田にこんな提案をした。

「この角地、狭い面積ではありますが、庭として活用してみませんか」

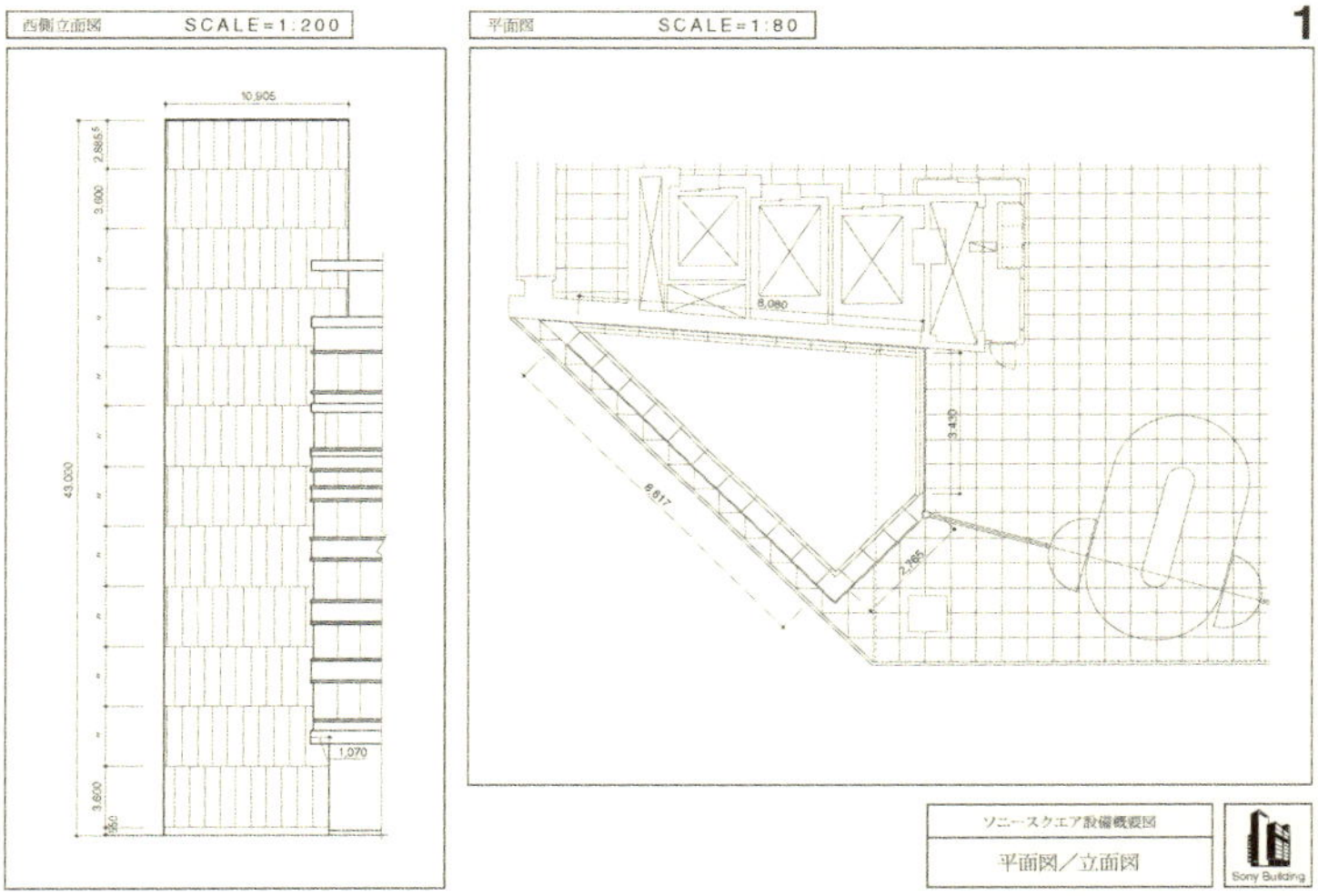

ソニービルのスクエア部分の平面図。

この提案に盛田はすぐさま反応した。

「銀座の庭、ですね！　それじゃ、いっそのこと、日本一の庭にしましょう」

実に贅沢な庭ではある。

盛田はわずか10坪の狭いスペースではあっても、数寄屋橋という有利な立地を最大限に活かした庭をつくるという発想を生み出した。盛田の頭に浮かんでいたのは〝四季の移ろい〟、そして〝憩い〟だった。東京のような都市空間ではすでに無縁になってきている、日本ならではの春夏秋冬。それを感じさせる、そんな空間を演出できないものか、そして同時に、忙しい都会の生活の中にあって道行く人たちに安らぎを感じさせる場所にできないものか。

こうしてしだいに新しいビルの基本骨格が固まっていく。〝ホテルオークラ徹夜会議〟のあとも、さらに関係者の間で議論が続き、思い切ったショールームビルにするなら、内部にあるのはショールームばかりで他に目ぼしいものがない、というのはあまりにも芸がなさすぎる。レストランやショッピングが楽しめる店舗、駐車場などもほしい、などなどといった多種多様な意見や提案をお互いに出し合い検討を繰り返し、新しいビルについての一定の方向性ができあがっていった。

その一方で、63年の終わりころになると、吉原を筆頭に、井上などのスタッフが取り組んでいた例の土地の取得交渉にもようやく光が差してきた。明けて64年の1月、正式に残りの土地の大半をソニー企業が買い取る契約が成立し、新しいビルを建設できる権利を手にすることになったのだ。

その契約によれば、ソニーがこのビルのために使用できる土地の面積は、707・277平方メートル（213・95坪）。

これを受けて、次のようなビルの概要が計画される。高さは地上31メートル、塔屋12メートル（当時の建築基準法の許容限度）、規模としては、地上8階地下5階、塔屋は3階。

これを契機に彼らのビル建築のプロジェクトは一気に前進していく。

第2章
ソニーブランドをどう表現するか

新しいビルにソニーの革新性の息吹を

新しいビルの完成はいつか？　いつまでに完成させるのか？

盛田は当初から、ソニーの創立20周年の記念日を見据えていた。

ソニー（当時は東京通信工業）が創業したのは1946年5月7日、したがって20周年の記念日は66年の5月7日ということになる。芦原義信が設計を依頼されたのは63年初頭だから、すでに述べたように、与えられた時間はわずかに3年あまり。この期間内にビルのデザイン構想をまとめ、基本設計を終え、そして現実にビル建設を準備するための実施設計までの作業をすべて完了させなければならない。

芦原はこのプロジェクトに意欲を燃やした。かねてからソニーの姿勢に共感を覚えていたからだ。先進技術をものにして独創的な製品を世に送り出し、国際的に通用する企業にまで成長することによって、戦後の日本を復興させる一翼を担おうとしている、芦原の目にはそんな風に映っていたのだ。さらに盛田が語った新しいビルの考え方にも感じ入ったからこそ、この仕事を引き受けた。とはいえ、完成までに与えられた期間がわずかに3年あまりでは、決して時間に余裕があるわけではなかった。

200坪あまりの土地に、地上7、8階、地下5階程度のビルをソニーが建築しようとするなら、その基本設計だけでも1年半程度、実施設計には半年、合計で2年はかかる。これが当時の一般的なプロセスだった。さらに加えて、設計が終わった後の建築工事そのものにおそらく最低2年程度はかかると思われる。合計すれば、少なくとも4年間は必要だろう。

例の建設委員会では、新しいビルの構想についてさまざまな検討がなされていた。とりわけ土地の取得は大問題で、計画通りにすべて取得できるかどうかは不透明。したがってすべてを手に入れられない場合も想定した対処法にも頭を悩ませた。

常識的な工期4年間のうち、建設工事の部分は芦原自身の力ではいかんともしがたく、工期短縮の可能性にそれほど期待はかけられない。だとすれば、基本設計と実施設計の部分で、なんとか時間を稼ぐ以外に方法はない。そこで、土地が揃った場合揃わない場合の対処策を検討しながらも、その作業と並行して、新しいビルのグランドデザインの検討にも力を注いでいた。

第1章で紹介したように、芦原は1953年にハーバード大学大学院に留学した後、ニューヨークにあるマルセル・ブロイヤーの建築設計事務所で働いた経験がある。芦原が師事したブロイヤーは20世紀における建築とプロダクトデザインの両方の分野に大きな影響を与えた人物であり、建築家としては、モダニズム建築の担い手だった。このモダニズム建築では、それまでの芸術的装飾的な要素を建物に与えるという考えから抜け出て、機能性や合理性といったものを重視する。また、建築素材の面では、産業技術の発達の恩恵を受けて、鉄骨や鉄筋コンクリート、あるいは大量生産が可能になったガラスを多用する。機能性や合理性を重視すると、建物の造形は建物内部の機能をそのまま表現するようなデザインが求められるようになる。この姿勢はForm follows function. つまり、形は機能に従う、と表現されていた。したがって、モダニズム建築といえば、装飾の少ない直線的な要素の多いキュービックな造形にその特徴があった。この考え方は、新しいビルの構想を練るとき大いに参考になった。

とはいえ芦原は、ソニーの新しいビルの構想を考えるとき、ショールームビルだからといって、〝ショールームそのもの〟に見える外観にする気にはなれなかった。確かに、ショールームビルは商業建築なのだから、それで何の問題もなさそうに思える。当時、1960年代という時代は、むしろ建物内部を外部に向かって表現するような姿、デザインにする、これが〝よい建築〟と言われていたのだ。

しかし、それではどちらかと言えば平凡なビルになってしまい、盛田の求める〝革新的なショールーム〟の姿にはならない。ソニーは、いわば伝統的な老舗企業でもなければ、重厚長大型の企業でもない。キャラクターのソニー坊やから感じられるように、戦後に生まれたばかりの元気で、将来が楽しみな会社だ。今の世の中、消費者は外国からの輸入製品を〝舶来品〟と呼んで、多少価格が高くても、喜んで受け入れている。その半面、国産品を輸出しようとしても、なかなか海外で受け入れられず、ときには輸出先で〝安かろう悪かろう〟のレッテルを貼られる場合さえある。
そんな環境のもとで、ソニーは独自の技術を磨き、それを独創的な製品に応用することで、あえて海外に打って出ようとしている。日本の企業で唯一、ニューヨークにショールームを持ち、独創的な世界最小のパーソナルテレビでアメリカ人の生活をも変えようという勢いだ。そんな革新的な企業の姿勢そのものをなんとか建築に表現できないものか。つまり、ソニーがつくる製品の〝革新性〟という要素こそ、新しい建物が表現しなければならないテーマなのではないか。

芦原は、こうして商業建築の枠から脱却し、新しいビルに革新の息吹を吹き込もうとした。つまり、建物の内部に備えられたその本来の機能と、建物の外部が表現するものとが必ずしも一致しない新たな考え方のビルの構想だ。

内部は言うまでもなくショールーム。これに対して、外部はいわゆるショールームらしい外観にするのではなく、ソニーの革新性を表す造形にしようと考えた。今のソニーの人たちが、製品開発者たちが、デザイナーが、ビルをつくるとすればどんな造形を目指すだろうか。どんな造形にすれば世界に打って出ようとするソニーの志が表現できるのだろうか。そのためには、ビルの造形そのものを、ソニーのイメージが反映されたものにする以外にない。

交差点のシンボルとなるような〝ソニー製品〟にしよう

芦原の出した結論はこうだ。ソニー製品に一貫している質のよさから生まれている正確さ、精緻さ、さらには無用の装飾を排した機能的な美しさを表現することを目ざす。したがって、広告塔であるとか、華美に走った装飾とかといったものを徹底して切り捨て、澄みきった白色の材料や金属そのものの材質を中心にして、ビルそのものが、大きなソニー製品であるかのように表現することにした。

建物全体の造形もさることながら、芦原がとりわけ腐心したのは外壁の構成をどうするか、ということだった。ショールームというこのビルの役割からすると、窓を設けずに内と外を遮断することが望ましいのかもしれない。ショールームを運用する立場の企業や担当者からすれば、窓の外の景色は邪魔者になるので、遮断したいという気持ちが強い。しかし、展示方法や手法によっては、窓を大きく開け、外を歩く人たちにその窓越しに内部を見せたいという場合もあるだろう。そこで、基本的には、あえて大きな窓を与えた上で、その後ろ側に左右にスライドできるパネルを取り付けることにした。このパネルは、設置位置の工夫次第で、展示用の壁面にもできるし、窓外の景色の目かくしにもできる。その外側の面は、自由な彩色が施せるよう

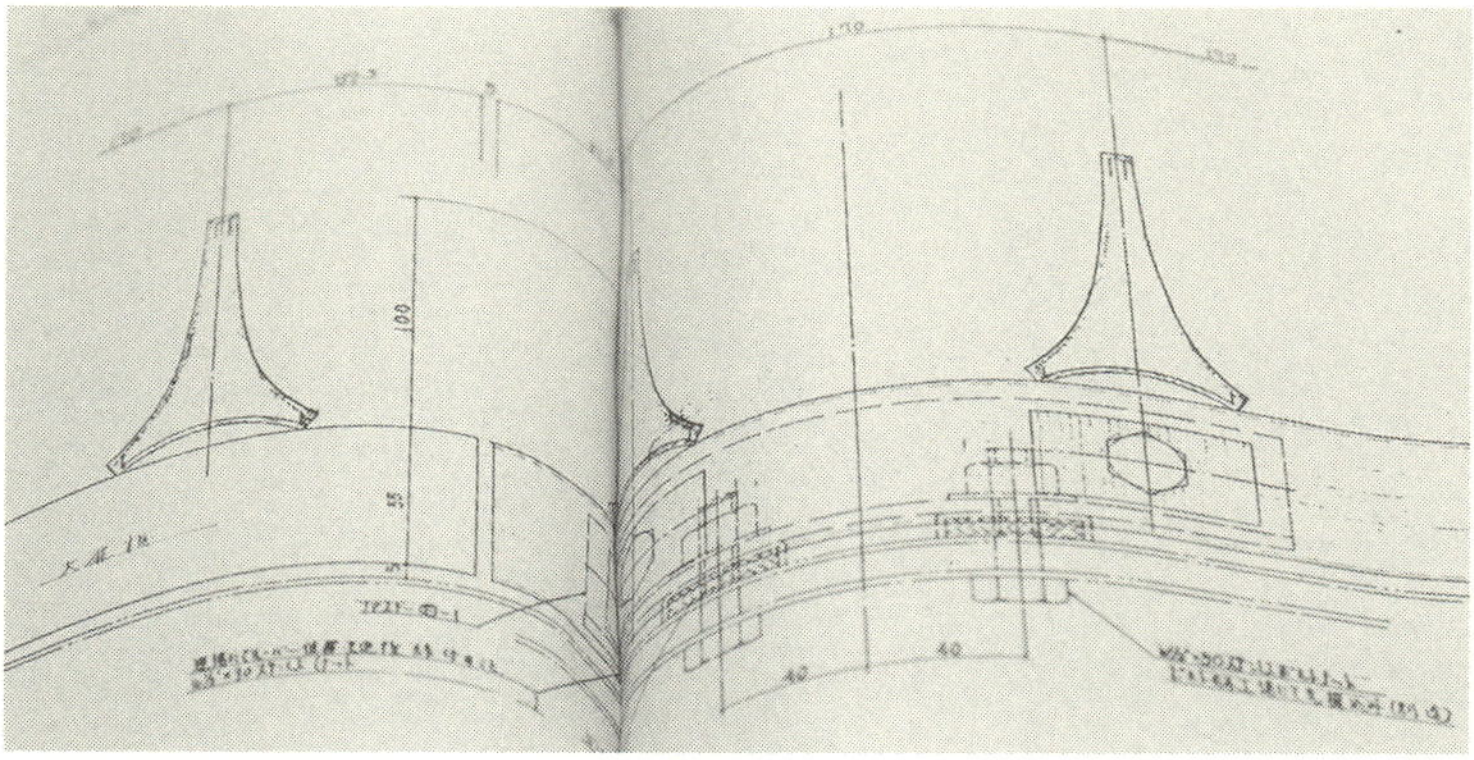

外壁に取り付けられた「ルーバー」の図面。

にした。さらに、開けてあっても閉めてあっても、建物全体のバランスを失わない工夫を施す必要があると考えた。そこで思いついたアイデアがルーバーの採用だった。

ルーバーとは一般的に羽板と呼ばれる細長い板を組み合わせたもの。気象観測用の百葉箱に見られるのも、その一種といえる。一定の隙間をあけて平行に組み合わせ、それらを取り付ける角度によって、外部と内部の通気や日当たりなどの調整をする。

芦原はこのルーバーに、窓のパネルの開閉を視覚的に調整する役目を与えることにした。そのため、水平方向ではなく垂直方向に取り付けるルーバーの形状の最適解を考えた。材質はアルミ、断面はエッフェル塔のシルエットに似た三角形で、その底辺は6センチ、高さは10センチ。

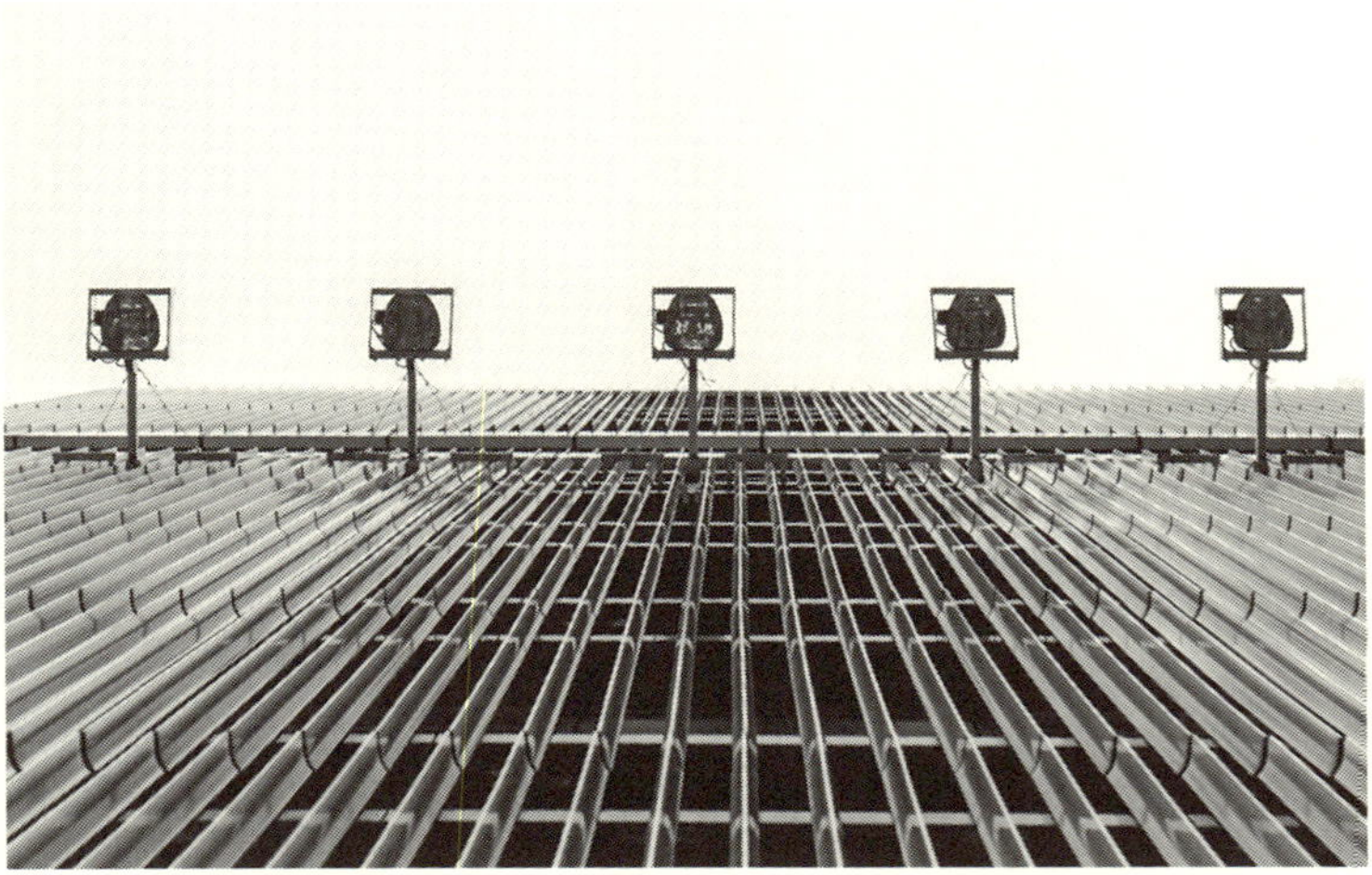

ビルの外壁に取り付けられた「ルーバー」。

このルーバーの形状は、約17センチに設定した設置間隔とあいまって、ほどよく包み込む感じと、風が抜けるようなさわやかな感じの両方を、見る人に与える効果を生み出した。加えて、不思議な照明の効果も生み出すことになった。任意の色に塗り分けたパネルに照明を当てると、その光はルーバーにあたる。これを通りの歩行者がながめると、歩くに従って見える角度が変わるためにさまざまな表情に変化するのだ。とりわけ、夜になると、建物の外からパネルとルーバーの両方に向けられた光の反射と、内側からの透過光とが組み合わさって他のビルには見られない独特の、当時としては新鮮な効果をもたらすことになる。

ただし、外堀通りに面したショールーム1、2階の窓と、7階の窓にはパネルとルーバーは設けなかった。というのも、2階は自動車のショールームとすることが前提で、窓のガラスをはずせば大きくて重い自動車の搬入もできる構造にしたかったためであり、7階については、レストランにする構想があったため、逆に窓を大きく開けることで、顧客に銀座の眺望を楽しんでもらえるようにする意図があったからだ。

第1章で紹介したように、芦原は盛田に、10坪ほどの狭い土地に〝庭〟をつくることを提案した。それは晴海通りと外堀通りの両方に面している角地だ。主要幹線の交わる交差点にある角地は、ビルの顔である玄関＝入り口をつくるには絶好のスペースであり、またそれが建築の常識だった。入り口には道路と建物の境界を示す役割がある。

これに対して、芦原はこれから設計しようとしているビルを道路とは別の存在と捉えるのではなく、それは〝道路の延長〟なのだと考えた。つまり、このビルは道路がその内部に入り込んでいる、裏返しの表現をすれば、建物が道路ににじみ出た、相互浸透作用のある建築だということだ。この考え方を現実の形にするためには、建物と道路との〝親しい関係〟を、いわば語りかけてくれる「外の空間」をなんとしても生み出したかった。もしこうした空間をつくりだせれば、イタリアで学んだようなあの公共の空間と建物の連続的なつながりが、ここ数寄屋橋の交差点にも見られるようになるのではないか。

そして本来、この角地につくられる〝はず〟の入り口＝玄関ホールは、角地に向かって右側、外堀通りに面してつくることになる。芦原はこのホールを、相互浸透作用の効果を狙い、道路

ブラウン管の巨大な電光掲示板。

としての外部と、ショールームとしての内部を融合させる内外空間の接点として設計した。実はこの発想こそが、ビル完成後ときをおかず、ここを有名な銀座の待ち合わせ場所に育てあげる原点になったのだ。

ショールームとする各階の床は例の〝花びら構造〟とする。つまり、各階の床を田の字のように四分割、それぞれが約30坪の面積を持つ床とし、この床は上下に90センチずつずらした構造にすることになっていた。したがって、来館者を最上階に上げるためのエレベーターと階段室のスペースを、ショールームのスペースとは別に確保しなければならない。すると、これを設置するための構造物には巨大な外壁ができる。この外壁は角地と接しているため、例の庭の背景として有効活用できる。ところが、角地に向かって左側、晴海通りに面した壁面のほうは幅が狭く、また内部は人が移動するための空間でしかないため、開口部をつくるほどの幅がとれなかった。この面をどう設計すればよいのか。

ソニーの盛田や黒木をはじめとするスタッフと芦原が知恵を出し合った。さまざまな議論を重ねた上で到達した結論が、ビデオサイン、だった。当初、マイクロテレビのブラウン管を一面に埋め込もうというアイデアが出されたものの、現実的には困難ということになり、それではと、12型の白黒ブラウン管のガラスの面（フェースプレートという）だけを埋め込むことにした。保守や維持管理の作業性も考慮して、フェースプレート4個を取り付けてひとつのユニットとし、このユニットをヨコに9個、タテに63個積み上げることにした。これで壁面を構成する。したがって、使用したフェースプレートは２２６８個。各ユニットの中には各々20Ｗの直管型蛍光灯を４本入れる。

こうしてできあがったビデオサインの大きさは幅が約７メートルで、約38メートルの高さとなった。無数のブラウン管でできあがった実に斬新で巨大な電光掲示板を組み上げることになった。

建設現場の目と鼻の先に最前線基地を

1964年6月6日に地鎮祭。ここからソニービルという名称を与えられた新しいビルの建設工事が始まる。構造設計は織本匠構造設計研究所、設備設計・建築設備設計研究所、空調設備・高砂熱学、施工は大成建設といった企業や組織がこのプロジェクトに加わった。

ソニーはこの建設工事の開始に合わせて、ビル建設推進のためのスタッフを組織する。ソニー本社は例の盛田から全幅の信頼を得ていた倉橋、ソニー企業は井上が実質的にビル建設の旗振り役になる。ただし、専任の人間はほとんど定めず、五反田の本社とソニー企業から兼任のかたちで集められた。集められたとはいえ、それぞれが自分の職場にとどまったままビル建設の仕事をこなしていたのでは効率が悪い。そこで、建設工事の開始から4カ月後の10月に新しく完成するビルの一角を借りて、彼らのプロジェクトを推進する前線基地をつくることにした。

借りたのは銀座駐車場ビル。数寄屋橋交差点から外堀通りを南に130メートルほどの銀座5丁目交差点に面した南西の角地にあった。その最上階にあたる9階、広さ約62坪のなんとフロア全面を借り切ったのだ。したがって、その東と北の窓から、外堀通りを挟んでほぼ東北の方向にソニービルの建築現場が見通せる。現場は文字通り、目と鼻の先。最前線基地として願ってもない位置だった。

銀座駐車場ビル。銀座パーキングセンター提供

この駐車場ビルの中で重要な役割を果たすことになったのが、インテリア・ディスプレイデザイン室だった。ソニーのスタッフはその内部の企画構想と進捗を司らなければならない。リーダーには、ニューヨークのショールームの開設を担当したあの黒木靖夫が指名される。黒木本人に言わせれば、「新しいビルの構想の議論に加わっていたその〝成り行きで〟」この室長になったという。もちろん本人自身も専任ではなく兼任の立場。〝本籍〟のソニーでは、輸出業務を主な仕事としている外国部の係長だった。ビルの建設ならたいていは総務部の仕事というのが常識だ。ところが総務部ではない、外国部の一介の係長が、なんと20億、30億円を注ぎ込もうとするビル建設の責任者のひとりになっていたというのだから恐

れ入る。

黒木はデッサンが得意で、自分の思い描くイメージを周囲の人たちに伝えることにかけては人一倍の腕の持ち主だった。とはいえ、ビルの内装の企画やデザインそしてその施工全般について豊富な知識や経験があるかどうかについては、別の話だ。そこで、商業空間デザインや展示企画・施工などを手がける乃村工藝社や丹青社といった企業に声をかけ、各社から合わせて10人近くのデザイナーに参加してもらうことにした。もちろん五反田の本社からは総務や経理・財務のスタッフが必要に応じて参加する。総勢で20人から30人にもなっただろうか。

盛田はソニー本社の倉橋やソニー企業の井上などと相談のうえ、借りる予定にしていた駐車場ビル9階の半分を、芦原の建築設計研究所を中心として大成建設などビルの設計施工の関係者に割り当てると決めていた。つまり、ソニーの関係者と、芦原を中心とした建築の関係者を、同じビルの同じ階で新しいビルの建設という共通の目的で集結させ、ビル建設プロジェクトの推進を可能な限り効率化しようとしたのだ。9階には常時、30人から多いときで60人ほどの人たちが出入りしていた。

このあたりの事情を、後にソニービル30周年記念誌『Sony Building 30th Anniversary 1966－1996』の中で、黒木が次のように書いている。

「……私はソニービル建設のデザイン室長になった。ところが、当時のソニーにはディスプレイデザインの三面図を引けるものが一人もいない。（中略）特記すべきことは、9階を半分にして芦原建築設計研究所の仕事場にしたことだ。つまりエクステリアデザインとディスプレイデザインを同時並行的に進めることができたわけで、これは画期的な仕事の進め方だった……」

実は、駐車場ビルのオーナーは株式会社銀座パーキングセンターという企業で、この年1964年9月、外堀通りの地下に建設された大駐車場、銀座パーキングの事業主体だった。ソニーの新しいビルは、この駐車場の恩恵にあずかるのだが、それについてはこの章の最後の部分で改めて詳しく述べる。

この間も、ソニーは新製品の開発を精力的に続け、62年のマイクロテレビに続いて、業務用の小型VTRを開発し発表、63年には9インチのトランジスタテレビを発売、64年になると世界初のオールトランジスタ卓上電子計算機の開発に成功したと発表するなど、まさにトランジスタを武器にした製品開発で世の注目を集め続けていた。ちなみに、この卓上電子計算機いわゆる電卓は、それから3年後の67年6月にSOBAX（ソバックス）の商品名で発売されている。価格は26万円。

その革新性が高く評価され、アメリカのスミソニアン博物館に収められた、歴史的価値のある製品だった。さらに、出遅れていたカラーテレビの開発でも、既存のシャドーマスク方式にこだわらず〝我が道を行く〟ことを目ざしたクロマトロン方式を採用したカラーテレビの開発にもメドをつけていた。

こうした経営状況を背景にしながら、盛田は新しいビルの建設にもとりわけ愛情を注いだ。

「黒木君、今、どんな具合だ？」

盛田がいきなり駐車場ビルの9階に現れるのは、日常茶飯だった。そこで働いているスタッフに親しく声をかけるのを忘れなかったのはもちろんのことだ。

黒木からひと通りの報告を受けるだけに終わらず、興が乗ると、互いの意見をぶつけ合う、硬軟取り混ぜた丁々発止の会話が延々と続くのも珍しいことではなかった。

「それじゃ、頼んだよ、黒木君」

と、たいていは上機嫌に去っていく。

スタッフにとっては困ったことに、盛田の姿が目に飛び込んでくるのは、昼間だけとは限らない。なんと深夜でも全くお構いなし。突然現れた。夜のときのほうが、昼間よりもタチが悪い。たとえば、夜半近い11時ころになっていきなり入ってくるなり、「さあ、これからやろう！」。その瞬間、盛田と顔を合わせた人たちは、遅くまで残っていたことを後悔するのだった、なにせ、終わったはずの〝今日〟がまた始まるのだから。

社交的な盛田は、人とのつながりを非常に大切にしていた。精力的に動き回るのは昼間だけではない。さまざまな分野や企業の人たちとの交友関係を広め、深めるために、日が落ちてからも精力的に動いていた。その一環で銀座の飲食店も日頃から活用していた。そうした〝夜のお付き合い〟を終えた後、帰宅する前に、先ずビルの建設現場をながめてから、判で押したように駐車場ビルにふらりと立ち寄るというわけだ。業界や財界の人たちとの〝お付き合い〟が終わってからなのだから、それが深夜というのはある意味で当然の成り行きではある。「さあ、これからやろう！」と声をかけられたら百年目、身の不幸、終電はあきらめざるを得ない。また今夜もホテル泊まりか……。一方の盛田はクルマがあるから、終電の時刻など全く頭にない。

黒木靖夫が企んだ問答無用作戦

最前線基地の人たちはやがて文字通り、夜を日に継いでの突貫工事状態に陥る。そして建設工事もまさに佳境にさしかかった65年夏、社員でもない学生アルバイトの立場であるにもかかわらず、この突貫工事に、すっかり巻き込まれてしまった人物がいる。66年4月のビル完成後、この学生はそのままこのビルを運営するソニー企業の社員となり、その発展に尽くすことになる。

大木《おおき》充《みつる》。当時都内の大学でマーケティングを学んでいた四年生、21歳。卒業後の就職先として、放送局からすでに内示を受け取っていたために学生生活最後の夏休みは思う存分、羽を伸ばそうと決めていた。ところが、父親や叔父から放送局よりも、「井深さん、盛田さんが経営しているソニーというすばらしい会社で仕事をしたら？」と勧められていた。実は叔父は教育関係の仕事をしており、語学教育に活用するため、ソニーのテープレコーダーを大量に購入していることから、ソニーの経営状況をよく知っていたのだ。

大木は気が進まないながらも、会社案内をながめているうち、「Sプロジェクト」という文字に目が留まった。聞けば、銀座に8階建ての大きなショールームビルを建設するプロジェクトだという。その説明にあった〝日本で初めてのショールーム〟ということばが大木には非常に新鮮に響いたのだった。その主力製品としてソニーを世界的に有名にしたラジオやテープレコーダーそのものにはそれほど興味があったわけではない。しかし大木はなぜかこのプロジェクトの魅力に負けて、放送局の内示を断ることになる。

そして四年生の夏休み、どんな立派なビルができるのか、様子見のつもりで例の駐車場ビルの前線基地に顔を出し、ほんの短期間のつもりで、プロジェクトを手伝うアルバイトをした。そこで、黒木と出会う。

「大木君、なに、なに？　旅行の計画を立てているんだって？　そんなヒマなんかないよ、君。もう入社したも同じなんだから、もっと真剣にやってもらわなきゃ困るよ」

アルバイトを始めてわずかに4日目、大木はこの黒木のことばに耳を疑った。

「黒木さん、思い切り羽を伸ばしますよ、大学最後の夏休みですから。今さら旅行をやめるわけにはいきません」

「そんなことはいいから、明日、着替えを持ってきて。ほら、このそばの日航ホテルに部屋をおさえてあるからさ、そこに泊まれよ」

こうして大木は、突貫工事に巻き込まれていった。それほどすさまじい現場だった。

実は、ソニーでは、日航ホテルの部屋を常時、2、3室おさえていた。残業組が夜遅くなり帰宅できなくなった場合を考えてのことだった。ホテルは銀座の八丁目、黒木が言ったように外堀通り沿いにあり、開業したのはその6年前の59年12月。設計したのは他でもない芦原義信。ソニービルと同じ建築家の設計とは、なにか不思議な縁のようなものを感じてしまう。もちろん黒木も、よくこのホテルに泊まった。大木と一緒になったときは、仕事を終えたあと深夜の将棋に興じたという。

黒木はたまに、遅くまで残って働いている社員を近隣の高級な飲食店に連れて行き、食事を振る舞っていた。あるとき、普段入れないような店ではないかと社員が遠慮するようなそぶりを見せると、こんなことを言ったという。

「いいから、遠慮するな。会社の金は使っていいんだよ、公明正大に。その代わりに、いい仕事をしてくれ。いい仕事をして、会社にはそれを二倍三倍にして返せばいいんだよ」

そうこうしながら、完成目標の期日が急速に目の前に迫ってくる。与えられた仕事をその残り少ない時間の中でこなすためには、どう算段しても、デザインと内装に力を発揮してくれる人間の頭数が足りない。欲しい。しかし、悲しいかなソニーはエレクトロニクス製品の会社、そんな社員の中に、ビルやショールームのインテリアやデザインをする能力のある人間はまず見当たらない……。

「永井君、しばらくだね。元気だったか？」

「黒木さん、おかげさまでなんとかやっていますよ」

「今、銀座五丁目の交差点にある駐車場ビルで仕事をしているんだ。ほら、数寄屋橋でソニービルを建てているだろ、その仕事だよ。ちょっと遊びに来てみないか？　久しぶりに会って話がしたいね」

年が明けまだお屠蘇気分が抜けきらない1月のある日、完成目標の日まであと3カ月あまりとなり切羽詰まった黒木は、そごう有楽町店で働く永井に電話をしたのだ。

電話の相手は永井厚四郎《ながいこうしろう》。１９３９年4月生まれの当時26歳。

実はこの永井、黒木のそごう時代に同じ宣伝部で一時期、一緒に仕事をした仲間だった。黒木がその6年前の60年にソニーに転職してからも、永井はそのままそごうで働いており、この電話を受けた当時は、同社の宣伝部装飾課に所属、店舗の装飾や展示のデザインを担当していた。

永井なら、インテリアのデザインを検討するパートナーの資格は十分、しかもデパートの内装を手がけた経験はすでに7年近くになる。その勤務先は数寄屋橋交差点から北西方向に歩いて3分ほどの有楽町駅に隣接したデパート。黒木が求める人材が、目と鼻の先にいたわけだ。

黒木が電話をかけたその日の夕方、永井はさっそく駐車場ビルの9階にやってきた。50人ほどのスタッフが目の色を変えて仕事に没頭している様子に気押されている永井に、ソニーの新しいビルの建設計画についてひと通りの説明をした。それに1時間ほどかかっただろうか。話し終わると、興味深く聞いていた永井に向かって、黒木はこう切り出した。


「永井君さ、この仕事、面白いだろ。そごうを辞めてうちに来いよ。明日からでどうだ」

「ちょ、ちょっと待ってください。そりゃ、いくらなんでも無茶というものでしょ。誘ってもらうのはとても嬉しいですよ。でもね、会社なんだから、そごうの上司や人事がはいそうですか辞めるんですか、結構です、なんて言うわけないでしょ」

と答えながら、頭のほうはせわしなく回転し、できるだけ早く辞める方法はないものかと、すでに気持ちは前がかりになっていた。

「お前、本当にソニーで働いてるの？」

このとき黒木は全く知らなかったが、実は、永井は、黒木のこの話があってもなくても、この年の3月末でとにかくそごうを辞めることに決めていたのだ。

永井は、デパートの内装や商品の展示デザインを手がけるアーティストを自任していた。とはいえ、当時はいわゆるインテリアデザイナーということばもなければ、職業・職種のひとつとして確立しているわけでもなかった。永井の所属している装飾課が宣伝部の中にある、という組織構造自体がその証だ。企業の経営側にもそれだけの意識がなかったのだろう。これがそもそも、組織管理を司る人、つまり永井の上司と、デザイナーを自任する本人との間で種々のすれ違いが起こる原因だった。

たとえば、仕事の性格上、店内装飾の仕事は閉店後から開店前までの限られた時間に終わらせなければならないため、どうしても仕事は深夜に及び、場合によっては徹夜になる。そうなると、出勤退勤の時間が不規則になり、遅刻もするし場合によっては上司の前のソファで眠ったまま朝を迎えるといったことにもなる。極端な表現をすれば、周囲からはでたらめな勤務態度に見えてしまう。永井本人はそれでもそんなことは全く気にしていなかった。仕事だから仕方ないし、精一杯会社のために働いているつもりだった。

しかし組織管理上は問題とされ、よく上司から、その〝でたらめな〟勤務態度を改めるように注意を受けていた。そうなると、仕事の評価も下がり、いつの間にか永井より後に入社した社員のほうが上の地位になるということまで起こりだした。何年働いても、認めてもらえないのならと、次の仕事の見通しのないまま、とにかく辞める、という考えが頭の中を駆けめぐっていた。

黒木の誘いは、そんな永井にとってまさに〝渡りに船〟だった。

「黒木さん、会社がすぐに辞めさせてくれると思いますか？　辞めちゃえば、私の代わりになる人を探すのも大変だと思いますよ。ひと月かかりますよ」

「じゃあ、三日でなんとかしろよ」

「冗談でしょう。せめて一週間にしてくださいよ」

〝お願いされている〟立場のはずなのに、永井の方がいつの間にか哀願口調になっていた。

翌日、永井は会社の人事部に退社の意向を伝えた。言うまでもなく会社は慰留にかかる。それでも、永井は7年間の勤務で積み上がった307日もの有給休暇を武器にして自分の意志を貫いた。つまり、3月31日まではそごうの社員として有給休暇をとる。この日までは黒木のもとでアルバイトとしてソニーの仕事をする。4月1日にソニー企業に入る。そして晴れて4月15日の竣工予定日を迎える。

こう決まると、黒木の要求にしたがって3日間で駐車場ビルに移る。その間、そごうの仕事の〝店じまいと引き継ぎのため、まさに夜を日に継いで必死に動いた。立つ鳥跡を濁さずの心境だった。

黒木の口ぶりからそれなりの覚悟はしていたものの、それは想像をはるかに超えていた。そこに待っていたのは、そごう時代に輪をかけたでたらめな、というよりハチャメチャな生活だった。

例によって、黒木が永井に言うセリフは、大木に対するのと全く同じだった。

「とにかくまじめに仕事をしてくれ。遅くなっても気にするな、土橋の日航ホテルに泊まれ」

ホテルまでは歩いて5分とかからない。

黒木と日航ホテルの一室で、冷蔵庫に入った買い置きのビールを飲みながら延々と仕事の続きをするのが、あっと言う間に日常と化していった。


それはある寒い朝のことだった。いつものように永井はホテルから出て、まだ眠い目をこすり背中を丸めながら駐車場ビルに向かう。遠目に見えてきたビルの通用口にある守衛所の前に、どこか見覚えのある女性が立っているようだ。一体誰だろう？　目を凝らすと答はすぐにわかった。なんと自分の母親ではないか。一気に目が覚めた。

「お母さん、なんでまた朝っぱらからこんなところにいるんだよ」

「そりゃそうだろ。だってお前、ここんところ、ほとんど家に帰って来やしないじゃないか。新しい会社で働くことになったと言っていたけど、本当にまじめに仕事をしているのか気になって、確かめに来たんだよ」

考えてみれば、母親のこの心配ぶりは無理もなかった。

この同居の母親には、事前に、そごうからソニーに転職するときちんと伝えていた。母親も賛成してくれた。とはいえ、入社してからひと月近く、ほとんど家に帰らず、どこに泊まっているともろくに連絡をしていなかった。携帯電話が普及していない時代、公衆電話に向かうのもおっくう、とにかく毎晩仕事が終われば、一刻も早くベッドにもぐり込みたかった。母親の心配も当然だ。そごうをあっという間に辞めたのは、実は辞めさせられたのではないか、ソニーに入ったとは言いながら、実は、何か悪いことに巻き込まれているのではないか、そんな懸念が積もり積もって、いたたまれず、息子の仕事を自分の目で確かめに来たのだった。

「体には気をつけるんだよ」

息子の様子を確かめると、こう言い残し、母親は静かな足どりで帰って行った。

その一部始終を見ていた警備員が、母親の背中を見送る永井に声をかけた。

「仕事熱心は結構だけどさ、お母さんには心配かけちゃいけないよ」

巨大駐車場が隣にできる！

こうして設計・施工が進捗していくのと並行して、数寄屋橋の周辺では当時のソニーにとって幸運なプロジェクトが進行していた。そうしたプロジェクトによって、ビルの設計に特徴的な要素が加わっていく。

そのひとつは、外堀通りの地下に建設が計画された大駐車場＝西銀座駐車場であり、もうひとつが帝都高速度交通営団（通称・営団地下鉄、現・東京メトロ）の銀座総合駅の整備だった。

両者とも、1964年の東京オリンピック開催に合わせた大規模プロジェクトで、ちょうどビルの設計時期に合致したおかげで、これらと有機的につなげる設計ができるようになったのだ。その結果として、都市の中心部に位置するビルとしては、他に例のない構造、つまり地下で大駐車場と直結し、そして、地下鉄の改札口前に広がるコンコースにも直接つながるという、集客の観点からは非常に有利な構造を持った建築物を生み出すことになる。

西銀座駐車場。

1959年5月、ミュンヘンで開かれた国際オリンピック委員会（IOC）総会で64年のオリンピック開催地を東京とすることに決まった。これを機に、日本では日本オリンピック委員会（JOC）を中心にさまざまな大プロジェクトが立ち上がる。東海道新幹線や首都高速道路などがその代表格だ。この両者ほどの知名度はないものの、東京オリンピックに向けた大プロジェクトのひとつに、東京の中心部、銀座地区における大駐車場の建設があったのだ。自動車保有台数の増加がもたらす都心の交通渋滞の緩和がその目的だった。

1958年に、事業用を含む自家用車45パーセント、営業用車が44パーセントと自家用と営業用の保有比率が逆転すると、これ以降モータリゼーションが進展、それに伴い自動車の交通量が爆発的に増加。そのため、銀座地区では駐車場不足の問題が深刻化する。そこで、この問題解決を図る施策の一環として、東京都や建設省（現・国土交通省）は、財界に対してひとつの要望を出した。それは交通渋滞の激しい都心における巨大な公共駐車場の建設・整備だった。具体的には、東京の中心部として最も大きな需要が見込まれる銀座一帯に注目、数寄屋橋交差点から土橋（新橋駅の北東）に延びている外堀通りの地下に、収容能力約８００台という大規模な駐車場を建設する、というアイデアだった。

オリンピック開催を目前に控えていた東京都は、これを都市計画事業に指定する。この都庁や建設省からの強い要望を受けるかたちで、このプロジェクトの受け皿となる民間企業が設立されることになった。参画したのは八幡製鉄株式会社取締役副社長稲山嘉寛、安田火災海上保険株式会社代表取締役檜垣文市、大成建設株式会社専務取締役本間嘉平をはじめとする財界人だった。彼らの努力によって、１９５９年の12月からほぼ1年の準備期間を経て60年11月に株式会社銀座パーキングセンターが設立される。資本金は8億円。そのうち5億円の株式を八幡製鉄をはじめとした発起人会社10社が引き受けた。残りの3億円は、このあと、阪急百貨店、東芝商事など銀座と密接な関係のある企業10社が順次出資する。

この10社の中に、ソニー企業の名前もあった。同社の出資は、63年4月に５０００万円。これはちょうど、ソニーでビルを建築するプロジェクトが本格的に立ち上がった時期と重なっている。ひと月後の5月には、井深大が同社の取締役に就任。さらに64年11月になると親会社のソニーが５０００万円を追加出資する。この結果、銀座パーキングセンターの資本金は合計8億５０００万円となり、そのうちソニーグループの出資が11パーセントあまりを占めることとなった。外堀通りの地下に建設される地下駐車場に、ソニーがグループとして主体的に取り組む立場になった、というわけだ。

この地下駐車場の概要は次のように計画されていた。

数寄屋橋交差点から土橋に至る外堀通りの直下に建設

延長は576・8メートル（歩くのに7分ほどかかる距離だ）

幅は18・6メートル

地下1階2階の二層構造。収容可能台数は合計で752台

総面積2万8814平方メートル（約8700坪）

工事費32億円（偶然にも、ソニービルの建設費用とほぼ同額）

特徴的だったのは、運転士のための待合室を設けたことだ。というのも、当時マイカーはまだごく少数派で、社有車やハイヤーの比率が圧倒的に高く、その運転士が待機するためのスペースが必要とされていたからだ（余談ながら、この待合室は現在も、喫茶店〝待合室〟に生まれ変わって営業を続けている）。

駐車場建設工事の着工は同社設立からほぼ1年と3カ月たった62年2月。外堀通りの路面を掘り起こす工法だったため、工事の大半は夜間に限られた。そのため工事は難航し、結局、4

年あまりの歳月をかけて、オリンピック開幕直前の64年9月に竣工する。

最終的に、駐車場の収容能力は、工事が一部を残してほぼ終わった1965年11月の時点で、810台にもなった。当時としては桁外れの数字だ。それだけではない。今でもなお、銀座一帯では最大の収容能力を誇っている。銀座にほど近い日比谷公園の地下に設けられている駐車場でさえ、収容できる台数は460台前後にとどまる。2017年4月に開業した銀座シックスの駐車場は445台。この数字からも西銀座駐車場がいかに突出した存在なのかがわかる。

ちなみに、同駐車場が計画された1959年における全国の自動車保有台数はやっと186万台程度。ところが直近の2017年度末の保有台数は約8156万台。59年比で約44倍にもなっている。つまり当時の収容能力800台はケタ違いだったのだ。今から約半世紀も前に、これだけの駐車場を東京有数の繁華街の中につくった先見性には頭が下がる。

とはいえ、完成した直後の数年間は、このケタ違いの収容能力を持て余し気味だったのもまた事実だった。工事完了の翌月、65年12月の一日当たりの平均駐車台数はわずかに964台。駐車がピークになる夕方午後7時の駐車台数ですら321台にすぎなかった。つまり、広い駐車場の3分の2はたいてい空いていたことになる。時間帯によっては閑古鳥だ。そんな光景、今では全く想像できない。「65年4月から71年3月に至る6年間は、まさに苦難の時期」(『株式会社銀座パーキングセンター30年のあゆみ』1990年、同社編集刊行)だったという。

昨今、2020年の東京オリンピックを契機に、オリンピックのレガシーをつくって残す、残

外堀通りの地下に建設された西銀座駐車場。銀座パーキングセンター提供

さないという議論が盛んになっている。しかしそんな議論の前に一旦立ち止まり、64年東京オリンピックのためにつくられた数多くの施設の中に、いつの間にか忘れ去られてしまっているレガシー、今のわれわれにとって価値あるレガシーが果たして存在するのかしないのか、振り返ってみる必要はないだろうか。この西銀座駐車場はその意味で、文字通り64年東京オリンピックのレガシーそのものと言える。惜しむらくは、道路の下に隠れて〝縁の下の力持ち〟さながらの存在であるために、普段人の目に触れない、たとえクルマを駐車させても、駐車場の全景を見渡すのが困難で、その広さを実感できない。しかし、現代の〝クルマ社会〟に生きるわれわれは、間違いなく、日々、このレガシーの恩恵を受け続けてい

るのだ。

ソニーは幸運で、その誕生のときから、一般の人たち以上にこの駐車場の恩恵を受けてきた。具体的には、駐車場2階の数寄屋橋端と建築中のビルの地下3階部分（注：駐車場の地下1階、2階がソニービルのそれぞれ地下2階、3階とほぼ同レベルになっていた）をつないで、互いに相乗効果を生む構造をビルの設計に取り入れたのだった。

それだけではない。

ソニーは、後に、ビルの地下3階4階に入居するフランス料理店マキシム・ド・パリの所在を知らせるため、数寄屋橋端の壁面に大きな看板をつくった。それは外堀通りから進入してきたドライバーが、右に行くか左に行くべきか、ひと目で判断でき、迷わないようにする工夫だった。駐車場からつながるビルの入り口がマキシム・ド・パリの玄関として開かれていたのだ。もちろん、マキシム・ド・パリの客に限らず、駐車場の地下1階に駐車した人たちは、ビルの地下2階にすぐ足を踏み入れることができた。クルマを利用した来館者にとっては、雨の日でも傘が要らず、便利このうえなかった。

今では、地下道や地下駐車場とビルとが接する部分に、人の動きを円滑にする目的で、開口スペースが設けられるのは特に珍しいことではない。とはいえ、郊外型のビルや遊園地といった娯楽施設ならともかく、繁華街にあって８００台を越える収容能力のある大きな駐車場とつながっている建築物は当時もそして今も、非常に珍しい存在であることに間違いはないだろう。しかもこの駐車場の建設によって銀座にもたらされた嬉しいプレゼントがあった。それは、銀座初の美しい街並みだ。

実は、駐車場の上部スペースに東京電力と電電公社（現ＮＴＴ）の共同溝を設け、そこに高電圧のケーブルや変圧器、８万回線の電話ケーブルをおさめることによって、外堀通りの頭上を走っていたいわゆる架空線をすべて地下ケーブルとして埋設。おかげで、電柱はすべて姿を消す。それだけではない、新たに街路灯まで設置したのだった。これ以降、銀座一帯の街並みが大きく変貌をとげていく。銀座のまさに目抜き通りである中央通りから電柱が姿を消すのは、それから３年後の１９６７年12月、銀座を走っている都電が廃止されてからのことだから、この外堀通りの街並みは、当時の銀座の〝最先端〟であった。その意味でもこの駐車場は公共的に大きな役割を果たしたわけで、まさに東京オリンピックのレガシーと呼ぶにふさわしい。

地下鉄「西銀座駅」が「銀座駅」に

１９６４年８月、地下鉄の銀座駅と西銀座駅がひとつに統合される。

銀座地区に営団地下鉄（帝都高速度交通営団。現・東京メトロ）に「銀座総合駅」が誕生したのだ。ソニーはこの銀座総合駅実現を図るプロジェクトでも幸運に恵まれる。銀座駅の統合と西銀座駐車場の建設はともに東京オリンピックのために推進された事業だったのだから、盛田が当初抱いた「新しいビルをオリンピックまでに」という目論見はうまくいかなかったものの、結果的には思い通りにならなかったことがかえって幸いした。

盛田が不二家の前にたたずんでいた62年当時、数寄屋橋交差点の地下を走っている地下鉄の駅の名称は今の「銀座」ではなく、「〝西〟銀座」だったのだ。この西銀座駅が生まれたのは比較的新しく、1957年12月のことだ。池袋・お茶ノ水間の丸ノ内線が、数寄屋橋まで延伸され開業する、そのときに新設されている。余談ながら、翌年の58年には、この駅名にちなんだ歌謡曲『西銀座駅前』がつくられる。駅の新設それ自体が大きな社会的関心事だったのだろう。奇しくも作詞作曲、歌手は前年の11月につくられた『有楽町で逢いましょう』と同じ。フランク永井が歌う〝ABC、XYZ……〟という歌詞が印象的だった。

銀座を走る地下鉄の歴史は古い。1927年に日本で初めて開業した地下鉄が銀座線だったことはよく知られている。それから7年後の1934年3月、当初浅草－上野間だった線路が銀座まで延長された。銀座四丁目交差点の地下に、銀座地区初の地下鉄の駅、「銀座」が誕生する。

この銀座駅誕生から遅れること24年、銀座四丁目の交差点から西に200メートル離れた数寄屋橋交差点の地下に新たに開業する丸ノ内線の駅は、〝本家〟の銀座駅と区別するため、「西

当時の西銀座駅の入り口（現・東急プラザ銀座前）。メトロ文化財団地下鉄博物館提供

銀座」と命名されたのだった。

ところがこの「西銀座」という駅名の寿命はわずか7年で終わり、「銀座」に改称されることになる。というのは、銀座にもうひとつ、新しい駅が設けられたからだ。

実は、61年3月に開通し営業運転を始めていた地下鉄の日比谷線が、最後まで未開通だった霞ケ関・東銀座間の工事を完了し、64年8月に全線開通する計画が立てられていた。この日比谷線の未開通区間は、東銀座から日比谷まで晴海通りの地下を走るため、数寄屋橋交差点と銀座四丁目交差点の間に、新たな地下鉄の駅の設置が計画された。そうなると、銀座の東西わずか200メートルの範囲に銀座、西銀座そして新駅と三つの駅ができることになるため、営団地下鉄は、これらの統合化を考えたのだ。

これらをひとつの駅として運用できれば、それぞれの改札を通る必要がなくなり、乗客の流れが劇的に改善され、乗客サービスの向上にもつながる。そこで駅間の連絡通路や階段などの設備の大規模改修に着手。これによって銀座総合駅が誕生。かつての西銀座駅は「銀座」の総合駅に吸収・統合され、したがって名称も「銀座」になった、というわけだ。

さらに、営団地下鉄が地下の連絡通路を拡張整備するのに合わせて、新しいビルの地下2階部分と丸ノ内線の改札口前のスペースが一体であるかのような空間を生み出した。ビルの建設部分の40メートルほどが、この地下鉄改札前のスペースと接している。丸ノ内線の改札を出た乗客の目と鼻の先に、地下2階部分のビルの入り口がある、という寸法だ。

こうしてみると、ソニーの新しいビルは、新幹線や首都高に代表される東京オリンピックに向けての交通インフラ整備のプロジェクトによる恩恵をフルに受けたと言えるだろう。収容能力800台の駐車場と直結し、地下鉄の改札口との間は歩いてわずかに2分足らず、地上には幹線道路を走るバスや都電が行き交う。銀座を訪れようとする人にとってはこの上なく便利なところになった。

しかも、西銀座という駅名が銀座と改称され、数寄屋橋が銀座の〝西〟ではなく〝銀座〟になったことの意味は実に大きい。というのも、当時、口さがない人は、このあたり一帯を西銀座ではなく、〝裏銀座〟と揶揄したという話もあるからだ。こうして人々の数寄屋橋一帯を見る目にも変化が生まれ、意識も変わることになる。新しいビルにとっては、願ってもない駅名改称だったのだ。

さらに、ソニービルにとっては駅名変更の幸運に加え、それから何年かの後には住居表示の面でも幸運が待っていた。1962年5月に施行された「住居表示に関する法律」がそれだ。この法律にしたがって、1968年10月にソニービルの住居表示が東京都中央区銀座西五丁目一番から同中央区銀座五丁目三番一号に変更される。つまり、住居表示からも〝西〟がはずれ、銀座、になったのだ。

こうした周囲の環境の変化にうまく順応し巧みにその設計に取り入れながら、新しいビルの建設は、1964年6月6日の着工以来、急ピッチで進められていった。

竣工予定日の1966年4月15日まで残された時間はわずかに1年と10カ月。もはや一刻の猶予も許されない。ソニーや芦原建築設計研究所をはじめ、関係するスタッフは駐車場ビルに集結して常に協議を重ねられる現場の前線基地をつくった。とはいうものの、解決すべき問題は減るどころか山積していく一方で、それらに対する答を見いだしながら、同時に、工期内の完成を図る方策をも効果的に練り上げる必要に迫られるようになっていた。

そこでいつしか、〝熱海会議〟なるものが折に触れて開かれるようになる。会議の議長はもちろん盛田。メンバーは概ね、芦原義信、大成建設の建設事務所長・坂生昴三、そしてソニーからは倉橋正雄、井上公資、黒木靖夫そして新しいビルの現場の指揮官となる賀田恭弘という顔ぶれだった。工期が残り少なくなったころには、毎週のように開かれていたという。ところは熱海の旅館、大観荘。しばしば夜を徹して繰り広げられる彼らの議論によって、新しいビルの姿がしだいに形作られていった。

第3章
新しい革袋に新しい酒

花びら構造のフロアに一流のテナントを

ショールームの革新。

〝熱海会議〟のメンバーはひたすらこの一点を目ざす。

芦原の設計による新しいショールームビルは、地上8階、地下4階。その敷地面積は664・41平方メートル（約201坪）、建築面積686・39平方メートル（約208坪）、延べ床面積8811・16平方メートル（約2660坪）。この建物をどのように仕上げるか、その内部にどれほど魅力のある空間を生み出せるのか、盛田や建設委員会のメンバーをはじめとするスタッフは、日々、建築中の現場を駐車場ビルの窓越しにながめながら、検討を重ねていた。

もちろん、彼らの考えの基本にあるのはソニーがつくるソニーのためのショールーム。

とはいえ、当時のソニーでは、自社の製品で、1階から8階までのフロア全面を自社製品で埋め尽くすのは難しく、もとよりそのような考えもなかった。盛田自身もほとんど意に介してはいなかった。むしろそれを逆手にとって、それまでに前例のないショールームの姿を模索していた。

すでに紹介したように、盛田は内部構造のヒントをグッゲンハイム美術館に求めた。実は、この美術館の他にもうひとつ、盛田のレーダー画面に映っていた建物があった。それがアメリカのシカゴにあるマーチャンダイズ・マートだった。1930年に完成したこの建物は、開業当時、世界最大のフロア面積37万2000平方メートル（約11万2300坪）を誇っていた。その内部には、さまざまな業種のさまざまな企業がショールームを開設、もちろん、種々の業態の小売店なども収容し、消費者向けのイベントを開催したり、レストランやカフェなどの店舗も併設したりと、商業ビルとしては実に巨大でしかも集客力に優れた施設だった。

上から下までどこを見回してもショールームばかりではあまりにも芸がなさ過ぎる、と考えていた盛田は、このマーチャンダイズ・マートを見倣って、常にビルの内部が活気に満ちあふれ、人の往来の絶えない空間にするための方策に知恵を絞った。

「ショールーム目当てだけで終わらせちゃ、いけない。要するに、繰り返し何度でも訪れてくれるような仕掛けが大事なんだ。ソニー製品のファンはどちらかと言えば、もっぱら男性だ。でもわれわれがこれから意識しなきゃならんのは女性じゃないか。というのも、女性は食事やショッピングが大好きだから、それが楽しめるビルにすれば、何度でも繰り返し足を運んでくれるはずだから」

規模こそ違うものの、マーチャンダイズ・マートのような強力な集客力を持つビル、盛田はそんなビルを思い描いていた。

気に入ったレストランや、ファッションの店があれば、女性は、そこに知り合いの男性や恋人を連れてきてくれる。一流のデパートをながめてみれば、その店内は、平日の昼間から若い女性やマダムといった人たちで、賑わっているではないか。

だからこそ、こだわらなければならないのは、来館客が魅力を感じてくれる一流の店舗を揃えることだ。

ショールームとして使用するフロア自体も、産業界で一流といわれる企業に声をかけ、ショールームを開設してくれるよう、働きかけなければならない。エレクトロニクス以外の業界・業種で、ソニーのイメージに合った企業に協力してもらいたい。それができてはじめて、〝ショールームの集合体〟が完成する。

いずれにしても、一般の人たちがその魅力にひきつけられ自然に足を向けてしまう、そんなショールームにしたい。そのためには、従来のスタッフの接客姿勢を改めるべきだ。つまり展示してある製品に見入っている熱心な顧客がいてもことさら声をかけるようなこともなく、説明を求められて初めてやっと答える、といったある種消極的な態度、ひとことで言えば〝待ちの姿勢〟とは縁を切らなければならない。〝待ちの姿勢〟から脱却してはじめて、ソニーに関心のない顧客層にも魅力のあるショールーム、年齢に関係なく、男性、女性共に一度は足を運ばずにはいられない場所にできるのではないか。そこには興味がわくもの、魅力のあるもの、新しいものがある、あるいは満足のいく展示に出会えると、世の人たちに思ってもらえる場所にしなければならない。であるからこそ、ソニーだけではなく、さまざまな業種のよりすぐりの企業が運営するショールームが個々に彼らの顧客を招き入れてくれることに大きな意味があるのだ。

こうしたことがすべて実現すれば、間違いなく、〝ショールームの革新〟が可能になるはずだ。できあがった芦原の設計図によれば、6階から1階のフロアが、例の花びら構造になっている。最上階の8階と7階、そして地下1階から同4階のフロアは、花びら構造ではなく、通常の段差のない構造だ。

まず、最上階の8階は、390平方メートル（約120坪）という大きな床面積を持つサロンにし、多種多様な利用目的に沿えるような構造になっていた。

7階は、レストランとしての利用を想定した設計。したがって、この階だけは、外壁をルーバーで囲うことはせず、銀座や日比谷界隈の眺望を楽しめる開口部の大きな窓ガラスとした。この窓はビルの姿をより個性的にしただけでなく、夜はビルを飾るティアラのような輝きをも与える効果があった。

すでに紹介したように、6階から1階までのフロアは、独創の花びら構造だ。物販や飲食の店舗を上の階から下の階へと展開し、下層階に企業のショールームが入ることを想定した設計になっていた。まさに盛田の言うショッピングストリートの構造、タテのプロムナードだった。とくに2階は、設計当初から自動車のような大きな製品・展示品を想定していたため、2階の外堀通り側の壁面は取り外しのできるガラスとし、クレーンを使った展示物の入れ替え作業にも応えられる構造になっていた。

地下1階は飲食と物販のフロア。

地下2階はソニーが企画した店舗の入居を前提に設計。

地下3階と同4階はレストランが占めることになっていた。


7階と地下におさまってくれるいわゆるテナント（入居者）をどうするか、その方向性の大枠は決まっていた。しかし、6階から1階には、どんなテナントと契約して入居してもらえばよいのか、またできるのか。この課題には、建設工事と並行して取り組まなければならない。この仕事を任されたのが、井上公資。平たく言えば、井上がテナント募集の責任者となった。

しかし、ショールームビルという一般には馴染みのない斬新な構想はなかなか理解されにくく、このテナント募集の仕事は困難を極める。

ソニーの考え方に賛同して、新しいビルに入ろう、ショールームや店舗を運営しようという意欲に燃えた企業を探す、あるいはそうなるように説得する、それは井上だけでは荷が重い仕事で、盛田自身も積極的にテナント誘致に取り組んだ。

新しいビルの話にとりあえず、相手は興味を示す。しかし、彼らが「なるほど、はいそうですか、わかりました」と首をタテに振ってくれるほど、コトは簡単ではない。

当然といえば当然の話だった。

〝ショールームビル〟の概念について懇切丁寧なプレゼンテーションを行ない、同時にソニーの考え方、このショールームにかける覚悟を説明しても、相手にはなかなか通じない。プレゼンテーションされる概念は相手にとってほとんど初耳、そのイメージが簡単にわくはずはなかった。話を持って行った相手から決まって返ってくるのは、営業の拠点にしては賃貸料が高くてソロバンに合わない、という丁重な断りだった。

話に乗ったマミーナと専売公社

しかし、井上の取り組みによって、しだいに手を挙げてくれるテナントが現れる。そのひとつが、マミーナだった。占めることになったフロアは6階と5階、そして4階の一部。売り場面積は944平方メートル（約286坪）。例の花びら構造のフロアで数えれば、6階と5階のそれぞれ4枚ずつそして4階の1枚の計9枚となる。

マミーナは、百貨店大手の伊勢丹（現・三越伊勢丹ホールディングス）が1964年に設立した主に婦人子ども服に特化した専門店だった。同年5月5日に青山に第一号店をオープンさせると、以来バルマン、ディオールなどの高級輸入品を中心にファッション性豊かな雑貨を扱うハイブロウな店舗としての評価を定着させ、支持層を着実に獲得していた。

マミーナソニービル店の店内。

まさに、盛田の望んだ「女性を惹きつける」「ショッピングを楽しめる」という特長を備えた、新しいビルにふさわしい物販の店舗だった。ちなみに、店名のマミーナとは、イタリア語でお母さんという意味だという。また、マミーナ設立の構想は「こぢんまりとして、しかもセンスよく、いわばひとひねりしたものを」であり、この点でも盛田の考えとの親和性があったと思われる。

井上の誘致に応えて新しいビルに新設された店舗は、丸の内の二号店に続くマミーナの三号店。そのインテリアデザインは、ビル自体のメカニックなトーンを意識し、それとマッチさせるように努めたという。全体の基調は白、その狙いは、北欧のデンマークかスウェーデンを感じさせる雰囲気を演出することだった。さらに花びら構造のフロアを積極的に活用する方針のもと、9枚のフロアに九つのブティックが集まったような印象を与える商品構成や販売方法を試みた。これはマミーナにとっても新鮮な取り組みとなった。それだけではない、マネジャーとアシスタント・マネジャーを含め、セールス部門はすべて女性という経営手法をとった。当時としては先端的な店舗だった。それは、ショールームビルというそれまでになかった〝器〟に応えた伊勢丹の斬新な店舗運営の試みだった。

このマミーナの存在は大きかった。買い物で銀座に足を向ける女性の中には、〝ソニービルといえばマミーナ〟という、いわばマミーナファンまで生まれるようになる。花びら構造の威力は大きく、エレベーターでまず6階へ上がった人たちの目の前には、マミーナのしゃれたインテリアの店舗が待ち受けているという寸法だ。こうして女性に嬉しいショッピングストリートは来店客の間に定着していった。

日本専売公社と聞いてすぐに、それが現在のJT（日本たばこ産業）の前身だとピンとくるのは、おそらく40歳から上の人だろう。1949年に設立された特殊法人の公共企業体で、社名の通りたばこと塩を独占的に製造販売していた。この専売公社が、新しいビルのテナントとして名乗りを上げたのだった。

実は、ソニーによる新しいビルへの誘致は、その時期といい、所在地といい、専売公社にとって好都合の話だったのだ。

1960年代に入ると、消費者の意識の高まりに呼応して専売公社の側でも、たばこに対する消費者からの要望や批判などの声を直接集めて総合的に分析評価し、経営活動に役立てようという機運が盛り上がっていた。その一環として、1961年5月から全国の主要都市の街頭で、一般消費者の声を集め、そのデータを蓄積しようという試みが開始される。その拠点の役割をになった第一号店が、新橋駅の西口前にあるたばこ販売店だった。店頭に掲げた看板には〝あなたの声を専売公社へ〟とあった。道行く人にアンケートを呼びかけていた。翌年になると仙台や名古屋、大阪などをはじめ各地で、消費者を対象としたコミュニケーション活動が開始される。

こうした活動が成果を収めたため、その一層の強化を図る目的で、開始から2年が経過した1963年の7月、彼らはこの活動拠点の常設化に踏み切った。拠点として選んだのは、新橋駅西口広場前、その名称はPRセンター。一軒のたばこ屋の軒下を借りたようなスペースで、広さはわずかに6・6平方メートル（約2坪）。きわめて狭いところではあったものの、消費者の意見や要望などを聞くだけに終わらず、パンフレットの配布なども行なうなど徐々にPR活動の幅が広がっていったという。この1960年代前半という時代は、東京オリンピックを控えて日本が高度成長期に向かおうとしていたときで、当時、大半の企業は大量消費を背景にした宣伝広告を盛んに打っていた。

これに対して、このPRセンターは一方的な宣伝広告ではなく、消費者の立場に立ってコミ

専売公社 PR センター。

ユニケーションを図ろうとする地に足のついた活動を心がけた。この姿勢が認められ、メディアもよく取り上げたという。そのおかげかどうか、開設以来8カ月でPRセンターを訪れた人は、2万2000人に上ったという。つまり、たった2坪の店舗が1日平均で100人近い人を集めていたことになる。

専売公社が、ソニーから新しいビルのテナントとして入居しないかという誘いを受けたのはちょうどこの時期だった。言うまでもなく、銀座という立地は魅力だ。しかもスペースは6・6平方メートルどころか、100平方メートル（約30坪）、例の花びらフロア1枚分だ。消費者とのコミュニケーションを図るという同公社の61年当初からの活動を一層充実させるという狙いからして、同社にとって絶好の要件を満たしていた。まさに盛田の望むショールームビルにふさわしいテナントになった。名称を〝日本専売公社PRセンター〟とした。3階のフロアの〝1枚〟を占めることになる。

この新しいPRセンターは、新橋駅西口広場前時代における消費者との接点・窓口機能を発展・拡大して引き継ぎながら同時に、一般的なショールーム本来の機能も発揮した。つまり公社が製造する国産のたばこ製品だけでなく、当時まだ珍しかった外国製たばこの販売なども手がけた。余談ながら、新しい外国たばこの発売日には、東京以外からはるばるやって来た人たちも含め、ビルの開館前に愛煙家の行列ができたというエピソードもある。こうして銀座のPRセンターに行けば専売公社の販売しているすべての銘柄のたばこが買えるという評判が定着、まさに愛煙家の憩いの場になっていく。

ショールームと物販、繰り返し訪れる顧客という盛田の願った条件をこの専売公社のPRセンターはすべて備えていたことになる。

このPRセンターの成功をきっかけに、専売公社は1972年から全国の主要都市にたばこPRセンターを展開し始めた。それは最終的には28軒のネットワークにまで成長した。

日本初の〝アメリカ調〟ドラッグストア

盛田は7階と一番下の地下3階と4階をレストランにするつもりだった。そしてすでに述べたように、その上と下のレストランに挟まれるかたちで、女性に魅力のある物販の店舗に入ってもらいたいと考えていた。ショールームの空間を、飲食と物販で包み込めば、来館者は最上階から地階までビルの内部を楽しく〝散策〟できる。ショールームの上の階に入る店舗は、ファッションのセンスにあふれたマミーナだ。だからショールームの下に位置する地下2階にもマミーナと同じように女性を惹きつけてくれるような店舗がほしい。

盛田が熱海会議で提案した店舗はアメリカの香りがするドラッグストアだった。というのも、何度も繰り返しているアメリカ出張のとき、清潔で明るくしかもしゃれた感じのドラッグストアをよく目にしていたからだ。それは日本でいえば薬局。しかしアメリカのそれは薬局というより、ドラッグストアと呼ぶほうがまさにぴったりとはまっていた。店によっては、医薬品や化粧品以外にさまざまな物品を扱っている。大きな店舗では日用品や雑貨も陳列している。

こんな薬局、日本ではほとんどお目にかかれない。ただし、数寄屋橋にほど近い、日比谷にあるビルの一角にそんなアメリカンスタイルの〝薬局〟が店舗を構えていた。その名は〝アメリカンファーマシー〟。そこには一般の店頭に並んでいるものとは違ったしゃれた日用雑貨や台所用品、アメリカブランドのチョコレートや菓子類などが陳列され、店内には日本在住とおぼしき外国人の姿も珍しくなかった。まさにアメリカの香りが充満している異空間のようなドラッグストアだった。

地下2階にはそんなアメリカンスタイルのドラッグストアが似合うのではないか。盛田はそのドラッグストアの名称を、「ソニープラザストア」と決める。プラザ、つまり広場、これはビルの設計者・芦原義信の〝都市空間にこそ広場がほしい〟という考えに対する盛田の共感の現れだ。1965年の夏になると、店舗開設のためのプラザ準備室が立ち上がる。これを受けて黒木は店内の設計や什器のデザイン・制作の作業を進めることになった。こうした店舗づくりの〝ハード面〟はなんとかできていった。問題は店舗の〝ソフト面〟つまり運営や品揃えをどうするかという頭の痛い課題だった。にもかかわらず運の悪いことに65年の暮れ、この課題に取り組むべき立場の責任者が、ある身体的な理由から仕事を続けられなくなってしまった。

時間は容赦なく過ぎていく。翌66年1月、オープンまでわずかに4カ月に迫ったとき、ソニー企業社長の吉原が自分のネットワークを活用して苦労の末適任者を探し出した。その人物とは例のアメリカンファーマシーの運営にもかかわり、ドラッグストアの業態に詳しい薬剤師の森田武之助だった。

その1月中旬のある日、当時60歳の森田武之助は吉原に請われて五反田のソニー本社に赴く。盛田から店舗開設についての具体的な話を聞くためだった。6階にある会議室に通され、盛田に会う。

「吉原からお聞き及びとは思いますが、私どもが数寄屋橋に建てているビルの地下に新しい店舗をつくりたいと考えております」

「はい、うかがっております。ええ、アメリカンファーマシーの何倍かの広さだそうですね」

「その通りです。地下2階のスペースを考えています。そこでご相談です。森田さんはこうした店舗の運営に大変造詣が深いと伺っておりますので、ぜひこの店舗に森田さんのお力をお借りできないものかと」

「とおっしゃいますと？」

「この店舗を運営するために設立した会社の社長になっていただきたいのです」


ビルのオープンまで残された時間はわずか。盛田はもともと、自前で店舗を立ち上げるのは無理だと考えていた。したがって、この種の小売店を経営するノウハウを持つ経験豊かな外部の店舗・人材に、たとえば例のアメリカンファーマシーといったところに、新しい店の経営・運営を任せる以外になかった。

ところが、森田はその場でこの申し出を断ってしまう。

もちろん、森田にとっても、社長になってほしい、というのは決して悪い話ではない。とは言うものの、自分の経験からして、この種のドラッグストアを新たに立ち上げ、それを軌道に乗せるまではうまくいったとしても10年という長い年月がどうしてもかかってしまう。仮に社長になりその職を続けたとしても、自分の歳のことを考えれば仕事のできる期間はせいぜい2年から3年どまり。とても10年という長い年月、仕事を続けるというのは不可能だ。

即座に断られて、さすがの盛田にも困惑の色が見てとれた。森田は言った。

「どうしてもソニーの手でドラッグストアをつくりたいとおっしゃるなら、たとえ赤字続きでも10年間は何があってもあきらめない、そんな覚悟が必要です」

「……」

「そしてもうひとつ。お望みになっている外部人材のスカウト、これも無理なご相談です。この種の店舗はもともと数が少ないのです。その上、どれも小規模な経営で、この種の大きな仕事をこなせる人材がおりません。ですから、どうしてもとおっしゃるなら、ソニーにいらっしゃる社員のどなたかが経営にあたられるのがよろしいのではないでしょうか。私はそう思います」

盛田は一瞬、口ごもりながらも気を取り直して言った。

「残念ながら、ソニーの社員に、この種の店を経営した経験者は見当たりません。社員だけではとても店舗の体をなさないでしょう。森田さんに100パーセントコミットしてくださいとは申しません。ですからなんとかお力を貸していただけませんか」

「そうですね。ソニーが覚悟を決めているとおっしゃるのなら、微力ではありますが、お手伝いさせていただきます。むしろそのほうがかえってうまくいくのではないでしょうか」

アメリカの香りをそのまま持ち込もう

盛田はさっそく人事にことの次第を告げ、ソニー社内での人選を急ぐよう指示した。

月が変わって2月4日の金曜日。盛田は荒尾雅也《あらおまさや》を副社長室に呼んだ。

「荒尾君、数寄屋橋にビルをつくっていることは知っているね。そのビルの地下2階に、ドラッグストアをつくることも聞いてるだろ。ついては、君にその店の立ち上げを任せたい」

荒尾雅也は当時33歳。国鉄（現・JR）の大崎駅前にあってテレビの生産をしていたソニー大崎工場で総務の仕事をしていた。本人に薬局や小売店の経験が皆無であることは言うまでもない。それどころか、アメリカに行ったことさえなかった。

しかし否も応もあったものではない。それにしても、開店までの準備期間が3カ月を切っている。無茶といえば無茶な話だ。翌日の5日、大崎工場で最低限の仕事の引き継ぎをすると、週が明けた月曜日の7日、荒尾は新しい職場となる銀座のソニー企業におもむいた。

ソニー自らが経営するドラッグストアとは、アメリカンスタイルのドラッグストアを基本にしながら、輸入雑貨や日用品さらには文房具、チョコレートやクッキーなどの菓子類を扱う、それまでに例のない輸入雑貨専門という新しい業態の店舗だ、荒尾はこんな説明も受けた。

地下鉄のコンコースに面しているソニープラザ。

荒尾は困り果てていた。小売業の経験すらないのに、東京にも珍しいドラッグストアという業態の店舗を新しく立ち上げなければならない。ただし、荒尾の救いは、孤立無援ではないことだった。森田武之助が文字通り〝頼みの綱〟になってくれるという。いざ仕事を始めると、実際に、大きな力になってくれた。後に荒尾はこう語っている。

「森田さんは私の先生だった」

森田がソニーの盛田に語ったように、当時、輸入品の小売店は大半が小規模経営だった。菓子類専門、あるいは日用品専門といった店はどれも小さく、家族経営的ないわゆるパパママ・ショップが大半だった。これに対してソニーが計画している店はこの種の業態としてはまさに大型で、売り場面積は約460平方メートル（約140坪）にも及んでいた。輸入品の専門店としてはあまり前例のない大きさであることが、社長就任の要請を断った森田のもうひとつの理由だ。規模が大きすぎてとても無理、という考えが盛田を前にしたとき彼の頭をよぎっていたのだった。

荒尾は、森田の助言を受けながら懸命に準備作業に取り組んだ。仕入れる品物を考え、その陳列棚のレイアウトに知恵を絞る。扱う品物は実にバラエティーに富んでいた。薬品・化粧品をはじめ、紳士・婦人用品雑貨、菓子、台所用品、ペット用品、ルームアクセサリー、ベビー用品、カーアクセサリー、玩具、レコード、そして当時は物珍しかったパーティー用品なども取り揃えた。結果的に開店当時、その数は約1万点を数えることになる。

これらの仕入れ先は森田がアメリカンファーマシーなどの仕事で築き上げてきたネットワークを活用して80社以上を確保。幸いなことに、アメリカンファーマシーも彼らの仕入れ先の一社になってくれた。

いうまでもなく、仕入れる品物は、店が対象とする顧客層しだいで変わる。例のアメリカンファーマシーの顧客層は、森田によると比較的年齢の高い富裕層だった。たとえば、日本在住の大使館職員や外国企業の役員・社員、あるいは海外での生活経験のある日本人などだ。当時アメリカから輸入してきた品物の小売価格は、現地価格1ドルにつき500円が通り相場だったため、庶民にとっては、財布によほど余裕のある人でなければ、なかなか手が届かなかった。

したがって、アメリカンファーマシーと同様の高所得層を狙うのは得策でないと判断すると、荒尾と森田は、その対象を、このビルに足を運んで買い物や食事を楽しんでくれる層、すなわち17歳から25歳くらいの若い女性に設定した。これなら、4階から6階に店を構えるマミーナの客層とも馴染む。

さらに、荒尾は魅力のある品揃えをするためのノウハウを収集しようと、一計を案じる。あえて1台あたり百数十万円もするアメリカ企業製の最新鋭キャッシュレジスターを2台購入したのだ。ちなみに、この店舗の運営会社、株式会社ソニープラザの設立当時の資本金は1000万円だったのだから、2台で300万円前後というのはなかなかの金額だ。購入先は、日本ナショナル金銭登録機（現・日本NCR）。荒尾はこの高額の出費と引き換えに、NCRから類似の小売店にみられる品揃えの情報提供を受ける。これが荒尾から同社のセールスマンに示された購入の条件だったのだ。彼らのキャッシュレジスター納入先には多種多様な店舗があり、その中には輸入品を扱う店もあった。したがって、NCRにはその種の情報が豊富にあると読んで考えついた作戦だった。この〝作戦〟は成功する。おかげで荒尾や森田には思いがけない有益な情報が豊富に手に入ったという。

キャッシュレジスターもさることながら店舗の内装にかけた費用も高額で、約2000万円。とくにコンクリートの床には、アメリカから輸入した5色の特殊な合成樹脂を一面に敷きつめて、おしゃれで清潔な雰囲気を演出した。

喫茶軽食コーナーのソーダファウンテン。

店頭に並んでいる品物のなんと90パーセントが輸入品なのだから、そんな空間には独特の雰囲気が漂っていた。その雰囲気を一層盛り上げたのが、ソーダファウンテンと名付けられた喫茶軽食コーナーだった。これもまた、アメリカの香りをそのまま持ち込もうという盛田のアイデアだった。

店舗の広さは約60平方メートル（約18坪）。パントリー用の什器を取り囲むように細長いカウンターがありそこにスツールが13脚、さらにその横には小さなテーブルがふたつ、8脚の椅子が置いてある。

店舗の片隅に喫茶軽食コーナーがあるのは今では当たり前かもしれない。しかし、当時、飲食のスペースを物販の店舗内に設けるという試みは日本初、それまでに例がなかったという。銀座の真ん中、地下鉄銀座駅の改札口の目と鼻の先にある清潔感にあふれたドラッグストアの店内で、コーヒーを飲みながらくつろげる。この独創的な店舗のありようが、店内の隅々にまで新鮮でモダンなアメリカの匂いを拡散させていた。

「地下に最高のレストランを」

新しいビルの中に入るレストランをどうするか。レストランのために、あらかじめ7階と1階そして地下3階4階を空けてある。

盛田は考えていた。周囲にも口ぐせのように語っていた。「数寄屋橋の交差点は日本の交差点どころじゃないよ。世界の交差点だよ」。したがって、世界の交差点につくるレストランは、世界で勝負しているソニーにふさわしい〝世界的に名の知れた一流の店〟でなければならない。

とはいっても、エレクトロニクス業界のソニーにとって飲食業は文字通りの畑違いで、当然、その分野の経験は乏しかった。

1963年の秋、思いがけない偶然から、当時ニューヨークに滞在していた盛田にその突破口が現れたのだ。

テキサス州ダラスで当時の米国大統領J・F・ケネディが凶弾に倒れ、アメリカ全土が騒然となったのは同年11月22日のことだった。まさにその翌日23日の朝、盛田は、宿泊していたウォルドルフ・アストリア・ホテルの自室のドアを開けた。すると、突然声がかかった。
「おはようございます。あの、失礼ですが……ソニーの盛田さんではありませんか？」
「あ、これはこれは、ラモールの三好さんおはようございます。三好さんもこのホテルにお泊まりになっていたのですか」

自室のドアを開けた盛田に声をかけたのは三好三郎。当時37歳。盛田の5歳下でほぼ同世代と言ってもよいだろう。東京や関西などで20軒以上の店舗を展開、飲食業界に新しい風を吹き込もうとしている気鋭の若い経営者だった。銀座にも1軒、高級クラブを持っており、盛田もときおり人脈を広げるために利用していた。とはいっても、それまでの二人は顔を合わせたときに通り一遍のあいさつをする程度の関係で、親しくことばを交わしたことはなかった。

このニューヨークでの思いがけない出会いをきっかけに、二人は意気投合する。三好はレストラン経営だけにとどまらず、映画のプロデュースや海外映画の買い付けといった今でいうエンターテインメント・ビジネスにもかかわり、海外に出かける機会も多く、ニューヨークではウォルドルフ・アストリアを常宿にしていた。それだけに、有名なレストランの情報にも人一倍詳しかった。この三好の話が聞けるのを、その後、盛田は楽しみにするようになる。

第二次大戦が終わってやっと20年という1960年代、当時の日本国内にはまだ、海外から高級レストランが進出して来て店舗を展開するといった例はないに等しかった。したがって、フォーマルな晩餐や接待などにはもっぱら日本料理を供する料亭の類に頼るのが一般的だった。ところが三好は海外の有名レストランについての造詣が深かったため、タキシードを着て高級レストランで食事を楽しむという文化の魅力をよく知り、それを折に触れて語っていた。三好に言わせれば、当時の日本で、タキシードを着て会食を楽しんでいた人は、政治家の河野一郎や大映の永田雅一などごく限られた一部の人たちだけだったという。

たまのニューヨーク出張で会うと、三好は機会があれば盛田に、マンハッタンにあるフォーシーズンズ・ホテルのレストランや、21クラブ、ラ・グルヌイユといった有名店を紹介した。三好が話す欧米のレストラン文化のうんちくを盛田は毎回楽しみにしていた。

1964年の夏のある日、ビルの新築工事が始まって間もないころ、盛田は三好と会った。

「銀座にあるローゼンケラーというビアレストランは三好さんが経営なさっているんですよね。あのお店、スタッフは全員外国人とお見受けしますがそうですか？　このお店のように、経営は日本人、働いている人は全員外国人、という経営の形態は、飲食業界ではよくある話なのですか」

「いいえ、日本人の経営で店舗運営のスタッフはすべて外国人というのは、私の知っている限りでは、このローゼンケラーが日本では初めてじゃないでしょうか。その反対に、経営は外国人、スタッフが日本人というレストランはありますけれど」

盛田は、ビルに入るレストランのことで悩んでいたのだ。日本人による本物の外国料理のレストランを経営している三好なら、盛田の悩みに答を出してくれると期待した。

「他でもない、今日会っていただいたのは、三好さんにお願いがあったからです」

「とおっしゃいますと？」

「ご存じのように、数寄屋橋交差点の角でこの6月から新しいビルの建設を始めました。ショールームビルではあるのですが、いやだからこそ、その中に飲食店を2、3軒展開するといいのでは、などと考えています。ところが困ったことに、私も含めてソニーには飲食業に携わった経験が全くありません。門外漢です。そこで三好さんのお力をぜひお借りしたいのです」

7階と1階、そして地下の3階と4階にレストランを入れる。その前提でビルの設計をしたうえで建設を始めた、と盛田は説明した。

7階は全フロア。銀座の街並みを高いところから楽しめる空間だ。

1階はといえば玄関ホールの脇にあるスペースで、外堀通りに面している。そして地下3階と4階の全フロア。地下の3階は、西銀座駐車場の地下2階と直結しているため、800台の収容能力を誇る駐車場があたかも自分の庭のように使えるという恵まれた立地だ。

そして盛田は言った。

「地下3階と4階に、東京のどこにもない最高のレストランをつくりたいんです。その仕事を、三好さん、あなたにお任せできませんか」

三好は盛田のこの申し出に喜んだ。歳下の自分に全幅の信頼を寄せてもらえることが嬉しかった。しかし同時に、はたと困り果ててしまう。なぜならいかにも時期がよろしくないのだ。聞けばソニービルのオープンは66年4月。なんと偶然にも、この時期には、三好自身が新しい店をオープンしようと計画していたのだ。ところは東京駅から中央線で30分ほど、緑豊かな郊外の住宅地として人気のあった吉祥寺駅近傍の繁華街。もとより身体はひとつしかないのだから銀座と吉祥寺での同時開業は大きな負担だ。それだけではない、もうひとつ重大な問題があった。吉祥寺の新店舗への投資負担がのしかかり、どう考えても資金的な余裕がなかったのだった。

盛田が三好に任せるというレストランは、地下の店舗だけではなく、7階と1階の店も含め、合わせて3軒。つまり、同時に新店舗を3軒も立ち上げてほしい、という話なのだ。

しばらくの間、三好は盛田の依頼にどこまで協力できるか、慎重にその可能性を探ってみた。三好は盛田との交際を通して、ソニーという決して規模が大きいとは言えない企業が、その優秀な製品を武器に世界に打って出て戦っている意欲的な姿勢に共感を覚えていた。というのも、映画のビジネスに携わり、外国映画の買い付けをするのと同時に、日本映画を海外に売り込む仕事にも取り組んでいた自分自身を盛田と重ね合わせていたからだ。盛田とニューヨークで偶然出くわしたのも、実は単なる偶然ではなかったのかもしれない。海外で勝負するという共通項があったからこそ、二人は意気投合、三好はなんとか盛田の申し出に応えたいと思ったのだ。

誘致したいのは世界に冠たる三つ星レストラン

三好の答はこうだった。その念頭にはマキシム・ド・パリがあった。

「盛田さん、盛田さんのお申し出に100パーセントお応えしたいのはやまやまなのですが、今の私にはそこまでの資金的な余裕がありません。7階の全フロアに展開するイタリアンのレストランと、1階の外堀通りに面したスペースにつくるコーヒーショップ、この2軒は私どもで喜んでお引き受けします。なんとかします。ただし、地下にほしいとおっしゃる最高のレストランはなんとも申し上げにくいのですが、今のところ、開店させるだけの余裕がありません。いえ、だからお手上げ、とは申しません。ここは思案のしどころです。もし、もしですよ、開店に必要な資金の半分をソニーが出資してご一緒に経営していただけるのなら、残りの半分は私どもでなんとか工面して盛田さんにご協力したいと思います。いかがでしょうか？」

三好の構想はこうだった。

7階にはイタリアンの本格的レストランをつくろう。すでに1年前の62年に、ドイツ流のレストラン、ローゼンケラーをつくって、外国のレストランをそのまま移植する経営のノウハウも蓄積できているから、それを活かす。

もうひとつ、1階の玄関ホール右脇のスペースは、来館者がふらりと立ち寄ったり、待ち合わせにも気軽に使えるコーヒーショップがよい。

最も知恵を絞らなければならないのは、地下の3階と4階の全フロアを活用してつくるレストランだ。通りから見えるところならいざ知らず、地下3階4階に人を惹きつけるのは簡単なことではない。まして、ビルのエレベーターは来館者をまず6階にまで上げてしまう。そんな環境のもとでも人を呼べるのは、魅力のあるレストラン、いや誰もが認める〝最高のレストラン〟以外にはないだろう。

三好は盛田に提案した。

「50パーセントずつの共同出資のもとで経営するとしたら、そのレストランの候補は、フランスのミシュランの三つ星を獲得しているマキシム・ド・パリ以外にありません。盛田さんもよくご存じのように、世界の著名人が集うレストラン、文句なしに最高のレストランです」

当時の東京に、盛田の知る限り、本物と呼ばれるに値するような一流のフランス料理店は、見当たらなかった。そんな東京に、ミシュラン三つ星の世界的に有名なレストランが、ひと声かけただけで出店に同意してくれるとはとても思えない。出店の交渉にどれだけ時間がかかるかもわからない。もし幸運にめぐまれて同意してくれたとしても、開店の準備期間はすでに2年を切っているではないか。

三好には〝勝算〟があった。

1960年代、すでに紹介したように三好は映画業界に活動の場を広げていた。64年、盛田から具体的なレストランの相談を受ける直前の春、三好はフランス南東部の高級リゾート地、カンヌに滞在していた。第17回カンヌ映画祭に出品する日本映画の日本代表団団長を務めていたためだ。三好は現地に入ると、日本映画に対する現地の人たちの姿勢に違和感をおぼえる。ヨーロッパではまだ日本に対して、彼ら戦勝国が敗戦国を見下ろすような雰囲気が残っていたのだ。そんな空気のもとでは日本映画に分があるわけはないと見た三好は、自分の推していた映画『砂の女』(監督:勅使河原宏、主演:岡田英次、岸田今日子、配給:東宝)をなんとかして映画祭の審査員に売り込もうと、一計を案じる。

三好は、パリ滞在のときによく訪れ、贔屓にしていたレストランのひとつ、マキシム・ド・パリの神通力(?)を活用できないかと考えた。当時のパリ社交界の華やかな舞台であり、上流階級の人なら誰でもその名前を知っていたからだ。かつての常連には、小説家のマルセル・プルーストや英国のエドワード7世などがいたという。サルバドール・ダリや北原秀雄・駐フランス大使など政財界のセレブが当時の常連客だった。そんなレストランを、ルネ・クレマンやシャルル・ボワイエなどの審査員が知らないわけはない。

映画祭が開催される時期、フランス人は長期のバカンスをとる。そこで、カンヌの郊外に、バカンスに出かけたある侯爵の邸宅をまるごと一軒借り切った。パリからマキシム・ド・パリの

地下４階の「マキシム・ド・パリ」の店内。

シェフをはじめ、メートル・ドテルやスタッフを雇い入れ、そこに11人の審査員を招待したのだ。さらに、彼らが宿泊している高級ホテル、リッツ・カールトンでも、日々『砂の女』を売り込むさまざまな工夫をした。こうした三好の作戦が功を奏したのか、映画祭前には審査対象外となっていたこの『砂の女』が、審査対象作品になっただけでなく、審査員特別賞を受賞したのだ。三好はこの受賞にマキシム・ド・パリが大いに貢献してくれたと信じている。三好とこのパリの高級レストランとのつながりはこのカンヌでできあがっていたのだ。

「三好さん、それは願ってもないお話です。結構です。三好さんと私どもの共同出資、共同経営。やりましょう。ぜひ、マキシム・ド・パリを数寄屋橋に持ってくるよう

7階のイタリアンレストラン「ベルベデーレ」。
カフェ「カーディナル」。

動いてください」

　こうして三好は、1964年の夏から数寄屋橋に三軒、吉祥寺に一軒、同時に四軒のレストランの開店準備の陣頭指揮をとるという、資金的にも精神的・肉体的にも厳しい状況に自ら身を置くことになった。

　三好はマキシムの誘致に成功する。その条件は、パリのマキシムと全く同じ店舗をつくり、同じ料理、サービスを提供すること。具体的には、パリそのままのアールヌーボー調インテリアとし、スタッフもパリから受け入れる。そしてマキシムを運営するノウハウをすべて買い取ることで合意した。もちろんこの交渉の過程で盛田は、マキシムの社長に直接会ってお互いの意思を確認し合っていたという。

この合意を受けて、芦原義信をはじめソニーの建築スタッフがパリの本店を訪問して、そのインテリアや什器、厨房などを視察、その詳しい情報を集め、自分たちの設計に反映している。その結果、地下3階と4階に展開した店舗の内装はすべて、国内の職人によって本店と寸分違わぬ仕上がりを目ざし、テーブルや椅子も同じく、すべて職人によってつくりあげた。パリから持ち込んだものはない。それでもパリの本店と比較して全く遜色のない店をつくり上げた。ただしひとつだけ、本店と違ったものがあった。それはソファの中に仕込んだスピーカー。これはソニーのいわば〝自主番組〟、音響設備については、本店の上をいっている、というのがソニーのスタッフの密かな自負だった。結局、内装工事にかかった費用は約4億円。ワインセラーにおさめたワインに投じた金額は1億円。当時の東京にあって、まさに破格の高級レストランが誕生した。

こうして、盛田の〝ソニービルを食事が楽しめる最高の場所にしたい〟という思いに応えて開店にこぎつけた3軒が、このマキシム、そして7階の本格的なイタリアンレストラン〝ベルベデーレ〟、1階玄関ホール脇のコーヒーショップ〝カーディナル〟だった。

ちなみに、このカーディナルは1974年9月、店舗を一新させている。イギリス人の大工や職人を呼び寄せ、本国の内装をそのまま再現、伝統的な英国のパブそのままの店舗に生まれ変わり、店名もパブ・カーディナルと改称した。

トヨタ初の銀座ショールーム

物販や飲食の計画やフロアプランの具体化に取り組んでいるその一方で、井上公資は、〝ショールームの集合体〟構想のもとで、日本国内の一流企業にショールーム開設を呼びかける努力を続けていた。3階の〝1枚〟に日本専売公社がPRセンターの開設を決断した経緯はすでに紹介した。この専売公社の他にもうひとつ、大きな存在感を見せることになる日本を代表する企業がソニーの誘いに乗ってくれた。それがトヨタだった。

1964年にビルの建設をはじめたころ、トヨタ自動車の取締役常務の立場にあったのが、豊田章一郎（現・同社名誉会長）だった。1925年生まれで盛田の4歳下という同世代、しかも同郷の名古屋市でお互いの家が近所同士、通った小学校も同じと、まさに近所づきあいの関係ができあがっていた。そうしたこともトヨタが新しいビルの2階、外堀通りに面した〝花びらの1枚〟にショールームを開設しようと決めたことと無縁ではないだろう。

盛田が逝去した年の翌年、2000年12月に発行されたソニーの社内誌の特別号『盛田さんを偲ぶ』に寄稿した豊田の一文に次のようなくだりがある。

「……国内では、昭和41年に銀座にソニービルを完成されたとき、その1階にトヨタのショールームを置かせてもらいました。ちょうど日本は、これから本格的なモータリゼーションを迎

外堀通りに面したトヨタ・スキヤバシ・センター。（下階はカーディナル）

えようとしていた時期でしたので、一等地の銀座に設けられたこのショールームの宣伝効果は絶大でした。時代の流れや、市場のニーズを敏感に感じ取られる盛田さんの先見性と、センスの良さにあらためて敬服したことを覚えています」

盛田の先見性とセンスの良さに敬服した、というのはその通りだっただろう。しかし〝ショールーム〟というものが持っている機能・効果の将来性を読み切って理解していたのは、むしろ、トヨタのほうだったのかもしれない。

というのも、トヨタはこのソニービルに「トヨタ・スキヤバシ・センター」と名付けたショールームを開設するのとほぼ同時に、具体的にはその3日前にもう1軒、ショールームを開設しているからだ。ところは名古屋市の代表的な繁華街、武平町にある中日ビル1階。名称は「トヨタ・サカエマチサロン」。その床面積は約460平方メートル、スキヤバシ・センターの面積が100平方メートルだから、5倍近い広さがある。トヨタは両者に違ったコンセプトを与える。

名古屋のほうは、サロン風のショールームとしてゆったりとした空間を活かし、トヨタの主力車種、すなわちクラウン、コロナ、パブリカそしてトヨタスポーツ800を展示。かたやスキヤバシ・センターには、「自動車文明の将来とトヨタのビジョン」というコンセプトのもと、トヨタ初の〝大衆車〟として人気を集めていたパブリカに加え、目玉として発売日未定のトヨタ2000GTを展示したのだ。その姿は、外堀通りを歩く人たちにも大いにアピール。当時のトヨタ自動車販売の広報誌には、〝若い人や外国人客に人気が高く、発売予定についての問い合わせが殺到している〟と書かれるほど、大きな反響があった。

それもそのはず。この2000GTは、前年の1965年秋に東京・晴海で開催された東京モーターショーの会場で衝撃的なデビューを飾った〝スーパーカー〟だった。その注目のクルマが半年後に銀座に出現したのだから無理もない。ちなみに、この2000GTは翌67年に発売され、238万円の値札がつけられた。当時の国家公務員初任給は2万5200円。庶民にとってはまさに高嶺の花だった。そんなクルマをトヨタは同社お膝元の名古屋ではなく、ソニービルに展示したのだ。

トヨタがいかにショールームの機能を重視し、ソニービルの展示にも力を入れていたかがわかる。

トヨタにとっては名古屋のサカエマチサロンと対になる、東京におけるショールームとなった。また、豊田の文に〝本格的なモータリゼーション〟とあったように、まさにその時代の幕開けを告げる役割をになったトヨタの記念すべきモデル、カローラが、ふたつのショールームを開設してから半年後の、1966年11月に発売された。トヨタが事前に計算しつくしていたかとも思えるタイミングになった。

マミーナの下、4階のフロア〝3枚〟には、それぞれ、化粧品のマックスファクター、東レ、そしてソニーがその前年に開発・製品化に成功していたクロマトロン方式のカラーテレビのショールーム、3階にはソニーのビデオ製品のショールーム、楽器と二輪車のヤマハ、大成建設、2階には富士フイルムと、当初の計画通り、一流の企業がテナントになり、ショールームの集合体を完成させた。いうまでもなく、駐車場ビルの9階に陣取っていた〝戦士〟には、夜を日に継いだ戦いがオープンの日、4月29日に向かって続いていた。

第4章
銀座の四季の香り

創業記念日よりも天皇誕生日だ

1966年4月28日木曜日、主要新聞に全7段の広告が掲載された。その広告の右下には大きな「SONY」のロゴがあった。

曰く「お知らせすべきか　どうか　いくども迷いました」。

それは、翌4月29日、天皇誕生日のビル開館を知らせる広告だった。この一文の下には、背中を丸め、思案投げ首でたたずむ男性の後ろ姿が描かれている。そしてこの男性の足もとにはこんなコピーがあった。

「しかし、数寄屋橋交叉点　1日の交通量は約30万人」

この右には、コピーに呼応するかのように

「どうぞ　ソニービルは　開館当初の混雑をさけてご覧下さい」

とあった。果たして、来てほしいのか、ほしくないのか？

その真意が小さく書かれていた。

「その一割の方が　お訪ね下さっても3万人…

ごゆっくりご覧いただくには　2万人でも多いかと思います

もしも　万一混雑から　ご迷惑でもおかけしたら

1966年4月28日付け毎日新聞朝刊。

ほんとに申し訳けございません」

ソニービルのイラストに加え、内部の店舗やショールームの構成・花びら構造などの案内がある。そして締めは右下のSONYのロゴマーク。ロゴだけで社名である「ソニー株式会社」の文字は、ない。その代わり、このロゴマークの左肩には小さく〝日本の生んだ　世界のマーク〟とあった。

独創的な製品を武器に、世界に飛躍しようというソニーの意欲をそのまま表現にしたキャッチコピーだった。58年に評論家の大宅壮一が「ソニーは大企業が儲かる製品を探る実験台」という〝モルモット説〟を唱えた翌年、あたかもそれをバネにしたかのように59年から使い始めていた。

総額32億円を費やして建設したビルの

〝誕生日〟、この日に訪れた人の数は2万5000に達した。

それは、永井厚四郎がそごうから転職し、この年の1月にビル建築のプロジェクトのために働き始めてまだ何日もたっていないある日のことだった。

「ウソでしょ、まさか！」

永井は我が耳を疑った。

盛田の意向で、開館の日を予定よりも1週間以上前倒しして4月29日にするというのだ。当初、工事関係者が聞かされていた開館予定日は、5月7日。ソニーの旧社名・東京通信工業設立の日であり、ちょうど20周年の創立記念日だ。ビル建築工事の竣工予定日は4月15日。したがって、たとえ開館が当初予定の5月7日であったとしても、準備作業に使える日数はわずかに21日、3週間。異常なほど厳しいスケジュールだ。そんなただでさえ余裕のないスケジュールを、こともあろうに8日も短縮する、というのだ。そうなると開館準備の時間は2週間にも満たない。

地下3階と4階に入る予定のマキシム・ド・パリの開店予定は開館日から半年先の10月と決まっていたため、ここは考えなくてもよいにしても、フロアの数は8階から地下2階まで10。つまりひとつのフロアにかけられる時間が、平均1日にも満たないのだ。建築したばかりで何もない内部の空間に、什器を入れ、販売したり展示したりする品物や製品を搬入し、それらを美しく陳列し、内装を整え、仕上げなければならない。そのため永井や大木をはじめ、現場のスタッフは文字通り夜を日に継いだ作業を強いられることになった。しかも困ったことに、ビルの特徴的な構造や一等地という立地条件などが、彼らの作業を一層難しくする。

フロアの花びら構造によって、什器や展示物の搬入・据えつけの効率は下がることはあっても上がることはないのだ。また数寄屋橋という東京でも有数の交通量の多い交差点の角にあるために、日中の作業量は最小限に限られその分、夜間の作業が増加する。建設工事関係のトラックやクレーンなどの騒音や振動も気にしなければならない。そんなこんなで、スタッフにとって準備作業はまさに〝戦争〟だった。準備作業終盤のころになると、周辺におさえていたホテルや旅館のベッド、ふとんの類は、誰のものであってもおかまいなし、作業が終わると疲れ切った体を休めるためにとにかく空いているベッドやふとんにもぐりこんで寝る、というありさまだった。

当初の開館予定をその直前になって突然、前倒しすると決めたのは、他でもない盛田だった。5月7日の創立記念日にビルをオープンする……確かにソニーの人間にとってその日は大いに意義も意味もある日だろう。しかし、一般の人たちにとっては、何の意味ももたないし、関心もない。逆に天皇誕生日は、国民の祝日でありかつ春のゴールデンウィークが始まる日。したがって、この日に開館できればそれだけ、世の耳目を集めソニーの存在感を高められる。盛田の考えは明快だった。

ソニーの存在感を高める目的で、開館日を天皇誕生日に変更する指示を突然出したという事実からすれば、当日は開館イベントやセレモニーの類が一層派手に演出されたと想像するのが自然だろう。一般的には、建築物の竣工、鉄道の開通、施設の営業開始といった機会を捉えて、当事者相互の祝賀目的だけではなく、メディアの宣伝効果も頭におきながら効果的なセレモニーを演出するのが常識だ。ところが、開館という絶好の機会に、ソニーはこの種のセレモニーをしなかった。

休館日なし、年中無休でビルを開けよう

セレモニーをしなかったのは、「開館日に人が殺到することを恐れたからだ」と語ってくれたのは磯村義行だった。当時、ソニーに大学卒業後入社して3年、経理・財務の修業中に例の駐車場ビルに派遣されビルのプロジェクトの仕事に取り組んでいた人物だ。

数寄屋橋の交差点、その角に新築されたビルで盛大に開館セレモニーが行なわれるとなれば、多くの人が殺到するに違いない。そんなところにセレモニーの開催に合わせてＶＩＰが一斉に訪れたら、予想外の事態になりかねない。

とはいえやはり、ＶＩＰには正式にビルのお披露目をする必要がある。そこで思いついたの

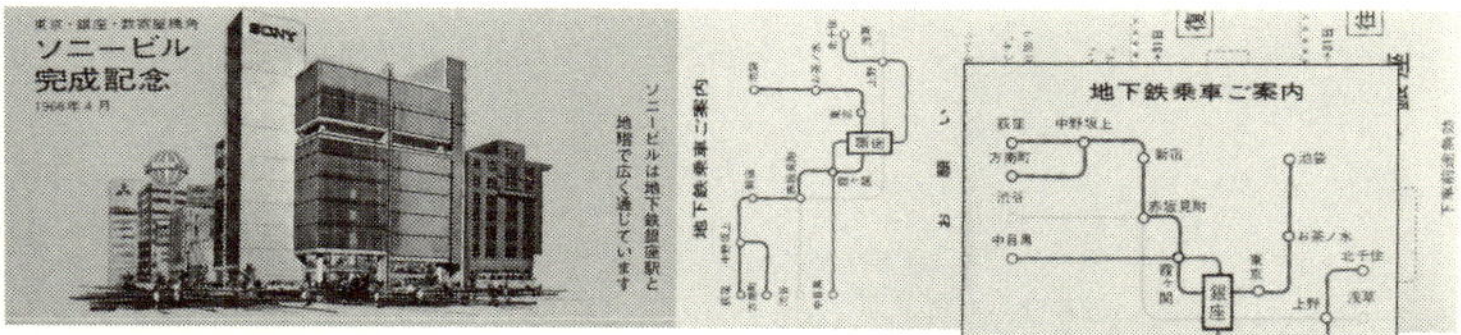

営団地下鉄の記念乗車券。

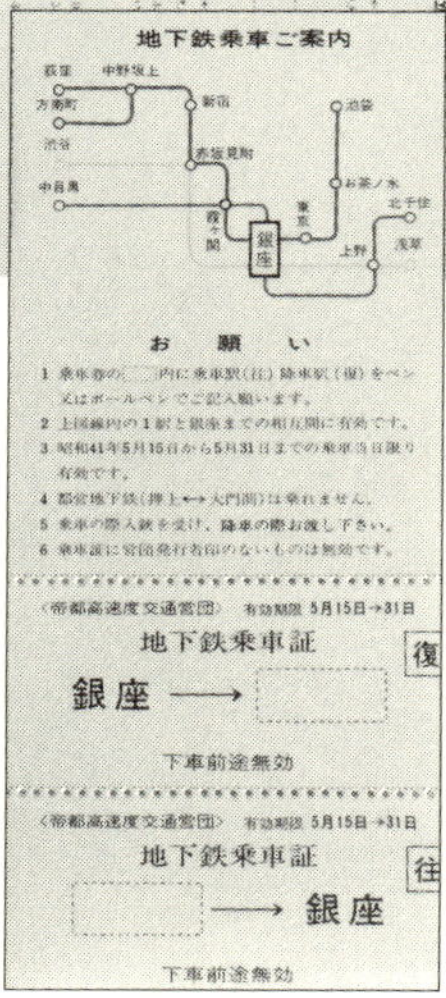

乗車券になる部分の拡大。

が、営団地下鉄（現・東京メトロ）の記念乗車券だった。この乗車券を使って、三々五々、彼らの都合に合わせて訪れてもらうようにすればよい。クルマもあふれそうだから、やはり公共交通機関、それも駅がビルとほぼ直結している地下鉄で来てもらうほうが望ましい。記念乗車券には一工夫がしてあり、乗車する駅名を券面に記入しさえすれば、銀座駅までの無料の往復乗車券ができあがるという寸法だ。

　VIPはそれでよいとしても、一般の人たちが殺到するのではという懸念は当然ながら払拭できない。最悪の場合には、来館者の行列が、数寄屋橋から約500メートルほど先の土橋の方まで伸びるかもしれない。そうなったときの危機管理が必要だ。そこで、行列を整理するスタッフとして、

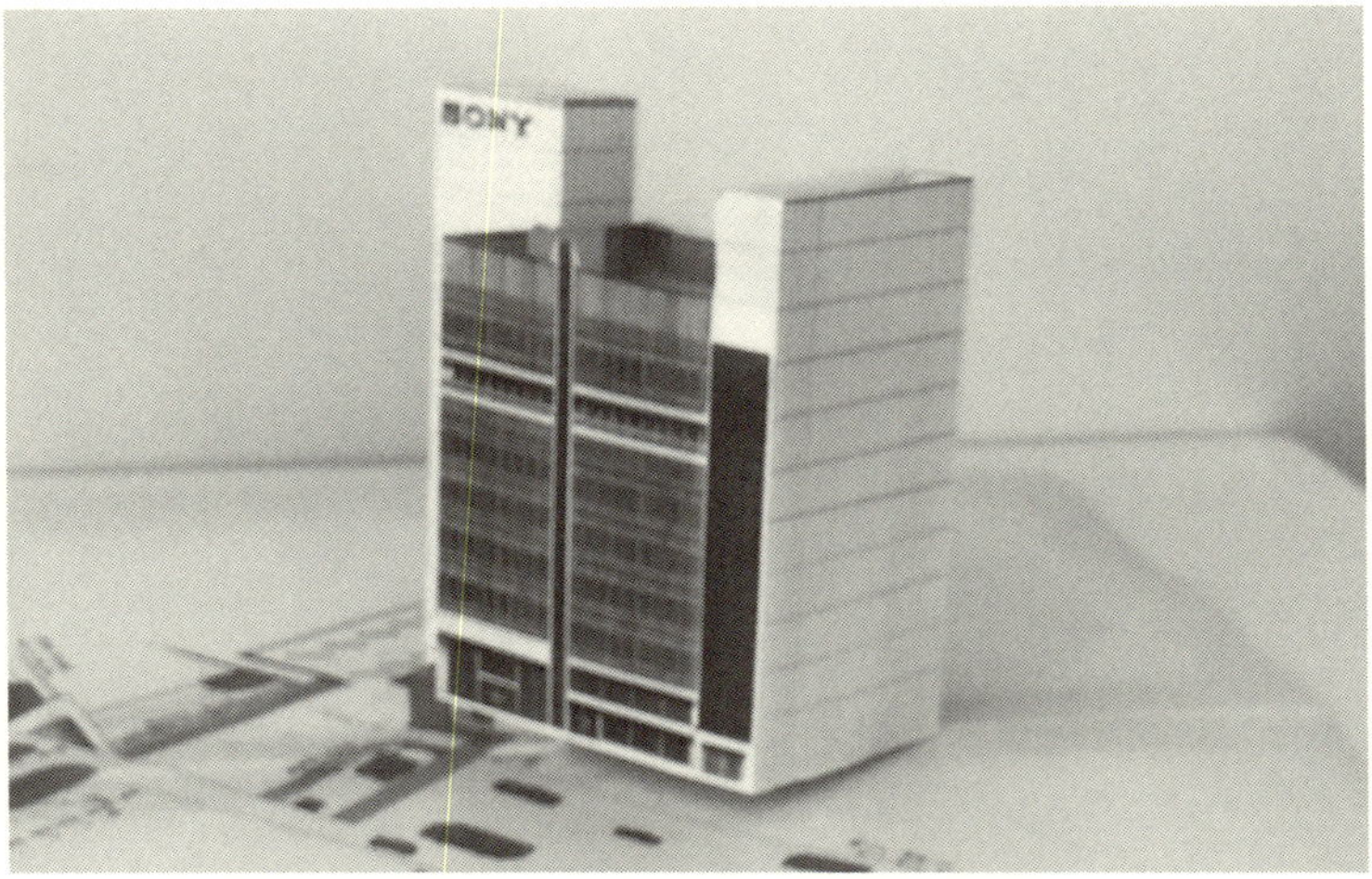

記念の小冊子の飛び出す仕掛け。

本社の若い社員に動員がかかる。磯村もそのために動員されたひとりだった。

しかしいざフタを開けてみると、幸運なことに、この懸念は杞憂に終わる。前日の「どうぞ　ソニービルは」というあの広告もこれに一役買ったのかもしれない。磯村は駐車場ビルに派遣されたときからこのときまで、「念願かなってソニーという〝メーカー〟に入ったはずなのに、なんで、こんな製品づくりとは縁のない仕事をしているんだろう」と、悩んだこともあったという。

「でも、今ではとてもいい思い出ですよ」

一方、三々五々ソニービルを訪れたVIPには、招待状に添付された地下鉄の無料往復乗車券のほかに、2点、記念品が用意されていた。ひとつは、ソニービルの概要をおさめたA４判24ページの小冊子。その

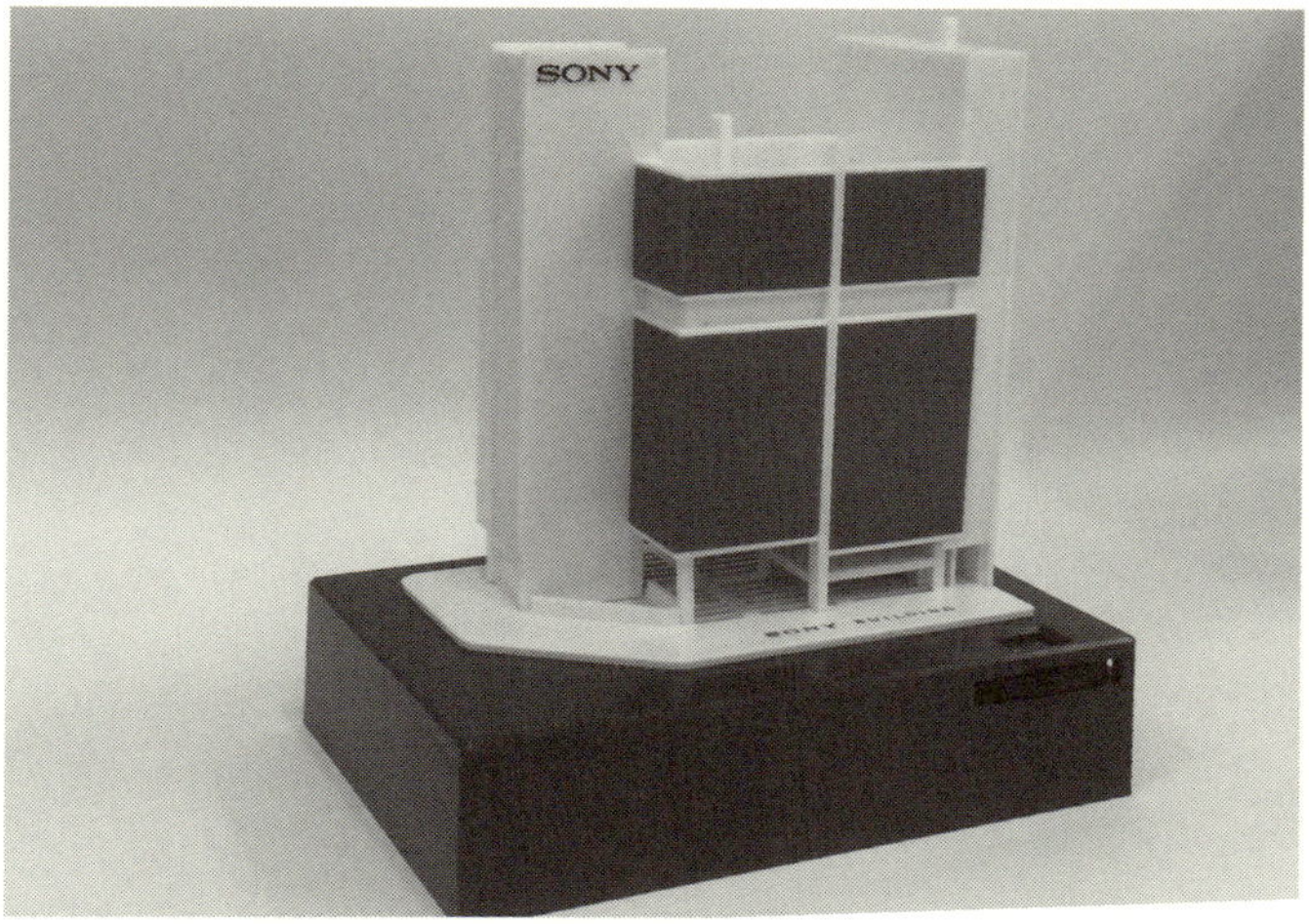

記念のトランジスタラジオ。

中のページを開くと、小さなソニービルが立ち上がる、〝飛び出す絵本〟のような仕掛けがしてあった。実は、この小冊子が、後に絵本に盛んに活用されるようになった〝飛び出す絵本〟の第1号だったのだ。また、花びら構造の概要を説明しているページの半分を使って、ビル全体のイラストが載せられていたが、その作者は当時の大人気イラストレーター真鍋博だった。

そしてもうひとつの記念品は高さ15センチほどのトランジスタラジオ。ソニービルの姿そのままのラジオだった。

第2章で紹介したように、ビルを設計するにあたって、芦原義信が目ざしたのは、ソニー製品に一貫している質のよさから生まれている正確さ、精緻さ、さらには無用の装飾を排した機能的な美しさを表現する

当時のソニービル。

ことだった。それは20世紀初頭からとなえられた近代建築の精神にも相通じるものがあるとも考えていた。

「よって、広告塔であるとか、ごたごたしたものを一切よして、汚れのない白色の材料や金属そのものの材質を中心に、大きなソニー製品であるかのごとく表現してみたつもりであります」と後に建築雑誌『新建築』1966年7月号に書いている。

芦原が、自身の抱いているソニーのイメージをビルで表現した。ソニーはそれを受けて、ビルのデザインそのままのラジオに仕上げる。これはまさにビルの完成記念にふさわしい〝ソニー製品〟だった。

このソニービルの開館について、建築評論家の浜口隆一は、当時の銀座の状況や背景を視野に入れながら、『Taisei Quarter ly 19』（1966年8月、大成建設発行）に次のような評論を寄稿している。

「（銀座の）斜陽化論はどうやら杞憂にすぎなかったかのように、年々新しい勢いで発展している。とくに地下鉄総合駅ができて、都心のターミナル的な機能を銀座にプラスしたことは大きい。（中略）商店にしても、銀座以外の各地区においた支店で営業上の採算をとり、本店は企業イメージの拠点として、ショールーム的な性格を帯びるような方向に進んでいる。

そのような銀座の今日の状況を、端的に集約し、さらに一歩先行して、未来のヴィジョンを先取りしたような格好で出現したのが、ソニービルである」

そして、数寄屋橋の角が、銀座一の目抜き通りを持つ銀座四丁目を凌駕して銀座の中心になるかもしれないと述べている。ソニービルの出現が、こうした専門家の描く将来像にも大きな影響を与えたわけだ。

さらに浜口はソニービルそのものについても、花びら構造によるタテの人の動かし方を評価したあと、次のように記している。

「外観は、いわばそうした内部のメカニズムをおおうパッケージ、といった考え方でつくられているようにみえる。銀白のアルミ・ルーバーと広い素透《どお》し（原文ママ）ガラス面で形作られた単純な立方体に、白いタイル貼りのエレベーター塔が直截に貫入している、というだけの機能的な造形である。サインも、タワー上部に小さくSONYと入っているだけで、商業ビルの逆手をいったような、きわめてコロした表現の外観になっているのだが、それが表現過剰の色とかたちが氾濫する環境のなかでは、逆にスッキリ目立って見えるのが面白い。こうした都市景観的な意識は、このビル最大のメリットではないか、と思う」

この評論は、芦原と盛田を中心に練り上げたソニービルの構想、狙いが見事に成功をおさめたという事実を伝えてくれている。

建物の外観だけではなく、ソニーはビルの運営にも新しい構想を取り入れた。なかでも特筆すべきなのは開館時間の考え方だ。具体的には休館日なしの年中無休、しかも朝は10時から夜は8時まで営業することにしていた。今でこそ当たり前、この開館時間を聞いても誰も驚かないだろうが、当時の事情は全く違う。

銀座の目抜き通りには、銀行や証券会社などの金融機関の店舗が数多く軒を連ねていた。そうした店舗は午後3時になると一斉にシャッターを降ろす。日没のはるか以前に客の出入りがなくなり、店舗周辺が静かになってしまう。また、中央通りで華やかさを競っているデパートの店舗群や、ソニービルのご近所のデパートそごうや銀座四丁目にある三越なども、夕方の6時には店を閉める。買い物客の出入りもなくなる。ショーウィンドーを残して、店舗の灯は消えてしまうのだ。そのうえ、デパートには週に1度の定休日がある。日がな一日シャッターが降ろされたままの店舗の周辺は当然、人の往来が減ってしまう。

ところが、ソニービルは、いつ行っても、残業を終えたあとデパートの閉店時刻を過ぎてから行っても開いているから、時間を気にせずに買い物ができる、もちろん食事もできる。だか

アセビを飾りつけたソニースクエア。

らソニービルは待ち合わせやショッピングに重宝きわまりない存在だとして、しだいに広く知れ渡るようになっていく。しかも外堀通りには、銀座で唯一、電柱が一本もないそぞろ歩きにも安心な明るい歩道がある。第2章で紹介したように、西銀座駐車場の建設と同時に電柱の地中化が完成していたのだ。きれいな街並みだ。人の流れも変わる。こうして数寄屋橋の景色、街並みの様子が、ソニービルによって大きく変化したのだった。とくに夜の街並みの姿は一変した。

ソニースクエア、それは〝銀座の庭〟

このように景色を一変させるのに一役買った存在がもうひとつある。それこそ、芦原が提案し盛田が賛成した10坪の角地に生まれた、〝銀座の庭〟、ソニースクエアだった。

オープン当日、ビルに訪れた人たちを迎えたのは、このスクエアに植えられたアセビの緑だった。アセビはツツジ科の常緑の低木で、その高さは1・5メートルから4メートルほどだ。そのアセビの株がなんと2000本余り、スクエアの壁面にびっしりと植えられていたのだ。地上からの高さは12メートルにまで達し、銀座に出現した巨大な緑、まさに〝森〟となっていた。「銀座の真ん中に四季の移ろいを」、季節を感じさせる空間を生み出したいという盛田の思いを、現実のかたちにしたそれは第1号の企画だった。

もとより、ソニーには、花卉《かき》を扱う仕事の経験は皆無。今では考えられないが、当時の広告代理店には、屋外でのディスプレイの仕事を請け負うだけの十分な能力がなかった。必然的に、その準備には自前で取り組むことになる。盛田からソニースクエアに緑を、という指示を受けていた井上公資は、66年の早春、スズキフロリストの経営者、鈴木昭に相談した。

「今度オープンするビルにつくった10坪のソニースクエアに、森をつくりたいんです。しかし、とにかく困っています。なにかいい知恵はありませんか」

鈴木昭は当時41歳。田園調布で花の温室栽培をしていた。1000坪の広さがあった。井上がこの鈴木を頼ったのは、両者の母親が高等女学校の同級生であった縁から東通工の時代より親交があったからだった。

頼られた鈴木も困った。花卉には強いものの、樹木の類は自分の仕事の範疇ではない。そこで、東光園緑化という業者を紹介する。放送局のセットやデパートの装飾の注文に応えている最大手で、彼らの助けを借りられたおかげで、八丈島からアセビの株を大量に運びこむと、それらを根付きのまま植えた。アセビを壁面に植えつける作業では、鉄骨に2メートルおきに開けてあるネジ穴がさっそく役に立った。

このアセビは道行く人だけではなく、晴海通りや外堀通りを通行するバスや都電、そして自動車のドライバーたちにも大いにアピールし、一気にソニースクエアの存在が知られることになる。そのPR効果は大きかった。以後ソニースクエアの動きが、新聞やテレビ・ラジオの放送にも数多く取り上げられ、ときとともに、ソニーの〝情報発信基地〟から次第に銀座定番の〝話題提供スポット〟へと育っていく。一部の新聞記者にとっては、「困ったときのスクエア頼み」、記事のネタ元として重宝がられるまでになった。

このアセビはあくまでソニースクエア立ち上げの第1号にすぎないのだから、盛田の表現を借りれば、〝四季時計〟あるいは〝季節時計〟として銀座の街に季節の彩りを届けるための企画を次々に打ち出す必要がある。とにもかくにも、鮮度が命なのだ。

そこで井上は、このソニースクエアの〝鮮度管理〟を賀田《かだ》恭弘《やすひろ》に委ねることにした。

賀田は当時42歳。ビルのオープンが予定されていた66年の4月にソニー企業に入社し、井上が部長を務める企画部に配属されていた。早稲田大学理工学部を卒業した〝技術屋〟で、第二次大戦中は千葉県館山市の海軍航空隊で整備士を務め、戦後は通産省に勤務したこともある経歴の持ち主だった。賀田はいつしか「ソニースクエアと言えば賀田、賀田と言えばソニースクエア」とまで言われる存在になっていく。

この賀田の指揮のもと、10坪の小さな銀座の一角で何を見せるか何をするのか、企画部の2、3人のスタッフが知恵を絞るのが日課になった。当時はまだ〝イベント〟ということばすらほとんど普及しておらず、前述したように広告代理店にも、イベントの制作機能が乏しく、すべてが彼らの手さぐり、手づくりだった。したがって、アイデアを思いつけば、その可能性の検討を迫られるたびに、アイデアの主自らが現場に足を運ぶのが常だった。

「ここは銀座の庭なんだ。憩いの場なんだ。ほっとひと息つけるような企画を考えてくれ。お金はいくらかかっても構わない」

これが彼らに対する盛田の口ぐせだった。

北海道からすずらんを空輸せよ

人々が春の訪れを感じるもの、それはなんと言っても花。しかし、誰もが目にしているようなありきたりの花ではつまらない。ソニースクエアだからこそ、東京ではなかなか見られない花を咲かせたい。ずっとそう考え続けていた賀田は、ソニービル開館1周年に合わせて、思い切った企画の可能性を探ろうと、3月初め、大木を伴って北海道に飛んだ。向かった先は札幌の市役所。

銀座の一角にソニーがビルを建てた。そのビルにしつらえた銀座の庭、ソニースクエアに北海道の花を飾りたい。北海道と言えばすずらん。ついては協力を、と厚かましいとも思える相談を持ちかけようとしたのだ。

「賀田さん、そうしたお話をお聞きする窓口は、私ども市役所ではなく、観光協会です」

なるほど、こうした特産品協力の依頼は観光協会にすべきだとは、東京を発つまでふたりとも全く思いつかなかった。

「相談すべき相手は誰かを判断する頭、ノウハウさえ当時はなかったなぁ」と大木は振り返っている。

ふたりは観光協会に向かう。とはいっても市役所と同じ建物の中にあったから、余計な時間もエネルギーもつかわずにすんだ。観光協会では温厚そうな部長が彼らの相手をしてくれた。吉田と名乗った。

「それじゃあ、北海道のすずらんを私どもが銀座のど真ん中で宣伝できる、ということですか？」

「そうです、そういうことです。ただ、厚かましいようですが、すずらんそのものは無償協力でお願いしたいのですが。なんとかお考えいただけませんでしょうか」

「もちろんですよ。結構です。すずらんなんて、ここらあたりでは草みたいなもんだから、いくらでもあります！」

こんな嬉しい話はない、と協力を依頼された吉田の方が大喜びだった。


今では、全国各地の海の幸山の幸、名産品などの情報が巷にあふれ、それらがヴァーチャルなネット上では瞬時にそして大量に飛び交う、しかも現実の世界では各地のパイロットショップが競って東京に進出、店舗を構えて日々宣伝に努めている、そんな環境になっている。しかし、今から半世紀前は、全く事情が違っていたのだ。観光協会の人たちが大喜びするのも無理はなかったはずだ。

1966年当時、東京札幌間を鉄道で移動しようとすれば、今では想像できないほどの〝大旅行〟だったのだ。新幹線もなければ青函トンネルもない。したがって、東京から札幌への移動は、東京の北の玄関である上野から東北本線、青森からは青函連絡船、函館からは函館本線という列車と船の旅となる。その所要時間は、特急列車を使っても最速で約20時間。しかし特急列車の指定席はなかなかとれないため、旅行者やビジネス客は特急ではなく急行を利用する

北海道の香り、すずらんをプレゼントする“すずらん娘”。

のが一般的だった。そうなると所要時間は最低でも23時間56分。つまり、ほぼ丸1日かかってしまうのだ。
　これほどの時間がかかってしまうと花の鮮度に影響する。時間と同じく問題なのは輸送コストだ。特に航空輸送は高すぎてソロバンに合わない。現物を送って宣伝に使うには問題がありすぎた。これは北海道に限らず、全国どこの地域の産物でも、同じことが言える。ちなみに当時、東京札幌間の航空機の運賃は1万1200円。これに対して、鉄道の場合は急行で3500円だった。66年の国家公務員上級職の大卒初任給は2万3300円だったから、飛行機で東京札幌を往復すれば、それだけでひと月分の給与が〝飛んでしまう〟計算だ。言い方を変えれば、北海道の公務員がちょっとそこまで、という感じで東京に出張するなどとは考えられなかった。

したがって、札幌観光協会にしてみれば、最小限の費用負担で銀座という東京の一等地で宣伝ができるというのは、まさに願ってもない話だったのだ。

「賀田さん、すずらんは喜んで協力させていただきますが、輸送はどうなさるおつもりですか」

「輸送はもちろん、鉄道ではなく飛行機です。ついては、航空会社にその協力をお願いするつもりです。この足でＡＮＡの札幌支店におうかがいする予定にしています」

その足で札幌駅近くにある全日本空輸（ＡＮＡ）の札幌支店を訪れる。

ＡＮＡもこの話に乗った。

「北海道といえば、スキー、これが定番です。しかし春の北海道の魅力をそんなかたちでＰＲできれば、私どもとしても嬉しいお話ですね」

ソニースクエアの〝すずらんイベント〟でＡＮＡの協力であることを謳うという条件がつけられたのは当然のなりゆきだった。

こうして彼らの札幌出張は首尾よく成功、しかも結果的にその交渉にかかった時間はわずかに1時間半。めでたしめでたしだ、あとは翌日帰京するための飛行機に乗るまで自由な時間、この際札幌で羽を伸ばそうとふたりが喜んでいたところに、観光協会から誘いが来た。

その夜は、思いがけなく繁華街に案内され、ジンギスカン鍋を囲んだ〝ご接待〟の宴席になった。

後日、東京で行なわれた事前の打ち合わせの席で、吉田のほうから提案があり、ソニースクエアをすずらんで埋めつくすだけでなく、彼らが派遣する3人の〝すずらん娘〟から通行人にすずらんの小さな花束をプレゼントするという。

ただし銀座に植えられたすずらんにとって銀座の環境は苦手らしく、2日しかもたなかったため、連日のように札幌から空輸するという苦労もあった。そのかいあって、5月25日から6月5日までの12日間、銀座に北海道の初夏の香りを届けるすずらんのキャンペーンは大成功、メディアにも盛んに取り上げられ話題になった。

この成功を受けて、札幌観光協会とスクエアのスタッフはすずらんをとうきび（とうもろこしの北海道での呼び名）に変えたイベントも企画した。さっそくこの年の9月、早朝に収穫したとうきびを空輸、ソニースクエアに設置した特設の屋台で焼いた。大人気になった。長蛇の列に並んでいた高齢の男性が体調不良になって救急車を呼ぶ騒ぎになったほどだ。これもまた、以降、ソニースクエア四季時計の〝定番〟となる。

こうして賀田をはじめソニービルのスタッフは、改めて、ソニースクエアが宣伝をしたいと考えている企業や団体にとって貴重なものであること、そして同時にソニービルにとっても大きな付加価値を生み出すことを認識したのだった。

四季時計の鮮度を保て

このようにして賀田が率いた企画課のスタッフは、ソニースクエアの〝鮮度管理〟の仕事を、広告代理店といった他の力を借りることなく、自前でこなしていく。北海道の香りや味を運んだすずらんやとうきびの成功は、ソニービルオープンから1年間にわたって彼ら自身が蓄積したイベント開催のノウハウの賜物だった。

彼らはアセビのあと、すずらんに至るまでに12件のイベントを開催している。

たとえば、四季時計としては6月に「お花畑」、夏・7月「ソニー水族館」、冬・12月年末の力士による「お餅つき」、翌67年2月には「菜の花」、春・3月から4月は「桜草」、「デイジー」、そして4月のゴールデンウィークにはオランダから空輸の「チューリップ」。動植物関連から離れたイベントでは、10月にトヨタ・カローラのキャンペーン、11月からの歳末たすけあいなどがある。

どれもこれも苦労を重ねながらも銀座の四季時計として評判となり話題を呼んだ。ＰＲ効果も大きかった。

夏休みの恒例となった「ソニー水族館」。

「ソニー水族館」

ソニースクエアの幅一杯に厚さ3ミリのアクリル板で水槽を製作。費用は200万円だったという。以後、安全性の観点から4年ごとに作り替えている。泳がせる魚には気をつかったが、最も意外だったクレームは「たったひとつの水槽で魚を泳がせているのに、〝水族館〟とはなにごとか」だった。賀田は〝参った〟らしい。したがって、このソニー水族館の看板はたった1年で降ろすことになった。翌年からは「沖縄の熱帯魚」に名称が変わりはしたものの、子どもに大人気の〝スクエア・夏の定番〟として定着していく。

「菜の花」

銀座の道を行き交う人たちに春をできる

春の到来を告げる「菜の花」。

だけ早く感じてもらおうと、2月の下旬に菜の花で埋めつくそうと考えたのが、オープン翌年67年の1月。捜し当てた産地が渥美半島の伊良湖岬あたり。例によってスタッフが現地に飛んで直接交渉した結果、3日ごとに3万本、計10万本の供給を約束してもらえた。この菜の花が、数寄屋橋交差点を挟んだところにある「朝日新聞」の記者の目に留まり、『週刊朝日』に銀座の春の風物詩としてとりあげられた。おかげでこれ以降、ソニースクエアと菜の花のつながりができあがる。ただし、翌68年からは供給元を房総半島の和田浦に変更した。というのもソニースクエアのために2アールの栽培地を確保できたからだった。

「オランダのチューリップ」

オランダのチューリップのプレゼントは特に人気があった。

札幌のすずらんを銀座に持ってこよう、と思いついた大木の動機が面白い。どうせ仕事で出張するなら、自分の行きたいところに行こう。北海道がいいな。札幌は東京から気楽に行けるところではないし、時間もお金もかかる、いやだからこそ仕事なら……。外国の場合には、行きたいが、国内と比較にならないほどハードルが高い。外国、花と言えば、思い浮かぶのがチューリップ。そうだ、オランダ出張もいいな。チューリップをオランダから運んでもらおう！

そこで賀田がＫＬＭオランダ航空に声をかけた。同社の広報には昔からの友人がいたからだった。しかも相談に乗ってくれたＫＬＭの宣伝担当者は、そのときソニーの広報担当を務めていた村山浩の高校の同級生でもあった。こうして、チューリップはすずらんの1カ月前の4月にソニースクエアを彩ることになる。通行人にチューリップをプレゼントする役目を引き受けたのは、KLMの女性の客室乗務員だった。このときは文字通り思いがけない苦労を味わうことになった。切り花で輸入したチューリップには植物検疫が待っていたのだ。税関で抜き取り検査を受けたため予定していた本数が持ち込めず、慌てて追加分を手配する必要に迫られてしまう。とはいえ、オランダのチューリップは花も葉も、国産のそれより大柄で、一目見て区別がつくほど立派だったため、プレゼントは大好評だったという。

4月のチューリップ、5月のすずらんと、ソニースクエアがふりまく春の香りがソニービルから数寄屋橋交差点一帯を包み込んだ。

そんなある日、盛田がソニービルを訪れた。

「大木君、ビルの仕事はうまくいっているか」

「おかげさまでなんとか。でも、盛田さん、今の仕事、実際には私の個人的な趣味で動くことが多いんで、白状するとちょっと気が引けています。札幌にまでも行かせてもらいましたし」

「それでいいんだ！　仕事とはそんなものじゃないか。自分が楽しいと思わないで、いい仕事なんかできないだろ」

歳末の風物詩となった愛の泉「チャリティ・ファウンテン」。

「愛の泉」

スタッフが個人的な趣味によって楽しみながら〝銀座に緑を〟演出する一方で、彼らはまた、別の季節感にも気を配っている。それが年の瀬を感じさせるイベントだ。オープンした年、66年の12月からさまざまな取り組みをしていた。

その代表格はなんと言っても愛の泉だろう。

生みの親は当時企画部長だった井上公資。68年に、ソニースクエアならではの募金活動ができないものか、それによってNHKの歳末たすけあい運動に協力したいと考えた。

「イタリアのローマにあるトレビの泉を知っているかい？　観光客に人気があるらしいよ。観光客が硬貨を投げ入れることでも有名だ。再来年、70年には大阪で開催される万国博覧会に外国人がたくさんやって来るだろう。彼らは池に硬貨を投げ入れるよ、きっと。だからそれを先取りしてみないか？」

井上の提案を受けたスタッフから出てきたアイデアが〝愛の泉〟だった。仕組みはこうだ。スクエアに池をつくって、その中に鐘を置く。投げた硬貨が鐘にあたると、鐘の中に仕込まれたマイクがその音を拾う。すると周囲のチャイムが鳴り、ランプが点滅し風車などの仕掛けが動く、音と光そして動きの三つの要素の効果で泉の前にいる人たちを和ませるのではないか。

しかし寄付のお金を池に投げ込む、そればかりか鐘に当てるというのはいかがなものか、と賀田は大いに疑問を抱いていた。不謹慎だという声がソニーに寄せられるかもしれないという心配もあった。しかしいざ実行してみると、ソニーらしいアイデアだと大評判になり、硬貨どころかお札を投げ入れる人まで出た。

集まった金額の総計は198万円余り。以後例年、12月のひと月間で集まる寄付金200万円前後はNHKの歳末たすけあいに贈られるようになった。歳末の風物詩として、テレビや新聞に取り上げられるようになったのは言うまでもない。

「力士による餅つき」

新年を迎える準備と言えば、餅つき。今でこそ家庭での餅つきといえば、臼と杵ではなく電気餅つき機を使うというのが通り相場。いや、これも今や昔の話で、鏡餅でさえパック詰めし

力士による「お餅つき」。

た品物を購入するのがもはや一般的なのかもしれない。しかし、60年代はまだ一般家庭でも臼と杵で餅つきをしていた。この日本の昔ながらの風習を日本の伝統を継承している力士と組み合わせる、というアイデアを思いついたのが賀田だった。

賀田は相撲中継に力を入れている放送局を介して相撲協会に依頼、このイベントの実施にこぎつけている。依頼のルートには、力士が贔屓にしている築地の料亭も含まれていたらしい。

12月30日、初めてソニースクエアの特設ステージにまわし姿で立ったのは朝日山部屋の高鉄山。この直前の11月に行なわれた九州場所では、東前頭四枚目の位置で12勝3敗の好成績を上げ、技能賞を獲得、〝目下売り出し中〟の人気力士だった。以降、年末恒例の人気イベントとなり、87年まで21年間続くことになる。この間、暮れの寒空のもと協力したのは、高見山（2年目）、貴ノ花（3年目）、三重海（4年目）、北の湖（7年目）など角界の歴史に名を残した力士ばかりだった（注：現・貴乃花はこの元大関貴ノ花の次男）。

毎回、力士がつくもち米の量は1斗。賀田は毎回、つきたての餅を周辺の警察や消防署そして地下鉄銀座駅で働く人たちに振る舞うことも忘れなかった。そして、ひと仕事終えた力士には、そのお礼としてくだんの築地の料亭に酒席を用意するのも恒例になっていた。

「トヨタ・カローラ新発売キャンペーン」

ソニービルオープンから半年、トヨタ自動車がその主力モデルの新発売キャンペーンを仕掛けるスポットとしてソニースクエアに白羽の矢を立てた。四季時計という役割を与えられていたソニースクエアにとって、それは思いがけない新たな発見となる。つまりスクエアには企業のPRを効果的に展開できる可能性があることを教えられたのだ。

そのトヨタの主力モデルとはカローラ。同社は永年開発に取り組んできた大衆車の本命として排気量1100ccの小型乗用車カローラを完成し、66年10月26日から晴海で開催される東京モーターショーの展示の目玉にする計画をたてていた。当時は自動車各社から新車が発売されるたびに世の中の耳目が集まるほど自動車業界には勢いがあったためメディアがこぞって取り上げる〝事件〟の様相を呈していたほどだった。

「トヨタ カローラ 1100」。

カローラはこの年のトヨタの最重要モデルと位置づけられていた。半年前一足早くライバルの日産が発売していた大衆車サニーを追撃するため、東京モーターショーを機に大キャンペーンを繰り広げようとしていた。トヨタは先行するサニーの売れ行きに待ったをかけようと、モーターショーまでの期間、当時としては珍しいティーザーキャンペーン（段階を追って少しずつその製品の姿を公開していく広告手法）を展開するほど気合が入っていた。そのキャンペーンをより一層効果的にするために、同社の選んだのがソニースクエアだった。

カローラが東京の紀尾井町にあるホテルニューオータニで記者発表されたのが10月20日。カローラの発売が新聞紙面を賑わし、テレビ、ラジオで盛んに取り上げられたの

トヨタ主力モデルのキャンペーン。

は翌21日。そのカローラが、発表から時を移さず、ソニースクエアに設置されたターンテーブルの上にあった。背後の壁面には「トヨタ　カローラ　１１００」と大書された高さ12メートルほどの巨大なパネルがあった。自動車ファンのみならず銀ぶら族の度肝を抜き、大きな関心を集めるキャンペーンとなった。言うまでもなく、ソニービルの2階には、トヨタのショールームがあるため、カローラ登場のキャンペーン効果は一層大きくなった。

　こうしてカローラは同社の目論見通りクラウンやコロナなどと並ぶトヨタの看板車種に育っていくばかりでなく、世界的なベストセラーカーの地位も獲得していく。先行していた日産サニーと、世に〝ＣＳ戦争〟と呼ばれるほど激烈な販売競争を繰り広げ、日本の乗用車が普及・発展する大きな契機となった。66年は、大衆車時代幕開けの年となったのだ。

トヨタはこの登場キャンペーンでソニースクエアのPR効果を改めて認識したのだろう、これ以降、主力モデルの登場キャンペーンを行なう場所としてくり返し活用していくことになる。翌67年にはトヨタ2000GT、トヨタ・クラウン。さらにカローラ・スプリンター、コロナ・マークⅡ、セリカなどの展示キャンペーンが続いていく。

1日の通行人が10万人を越えるような繁華街の一角で、人目を引く大規模な屋外キャンペーンを打つというPR手法は当時大きな話題になり、この種の広告活動が急激に発展していくきっかけのひとつになった。トヨタに続いて航空会社やアパレル、映画などといった企業がさまざまなキャンペーンを打つようになっていく。とりわけ、北海道からのすずらんの成功に見られるように、地方公共団体にとっては、ここでの活動がヒントになり、やがて都内で彼らの観光地や生産物を継続的に宣伝できるアンテナショップの開設へと発展していく。

こうしてソニースクエアは、マーケティング手法を生み出す創造的な空間あるいはスポットとしての存在感を増していった。

「漫画チャリティー」

ソニースクエアはまた、社会活動、福祉活動を展開する場にもなった。すでに紹介したよう

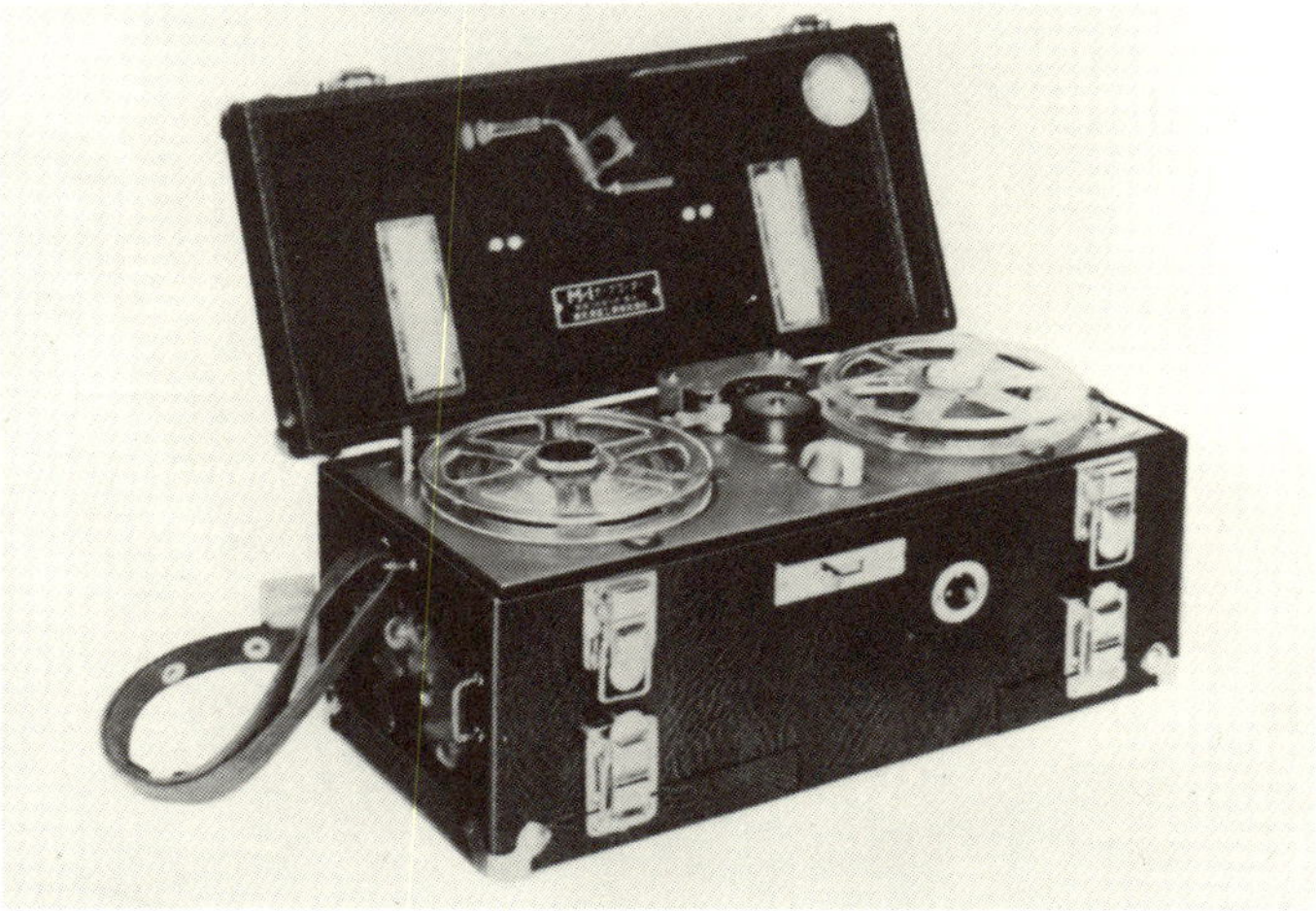

ポータブル型テープレコーダー「M-1型」。

に、愛の泉の目的は、NHKの福祉活動、歳末たすけあいに協力することだった。漫画チャリティーもソニービルが企画した同様の社会福祉活動だ。

56年9月に倉橋正雄が岡部冬彦から漫画の主人公アッちゃんの使用許諾を得て、ソニー坊やを誕生させたことは第1章で紹介した。実は倉橋にはもうひとり、有名漫画家の知己がいた。横山隆一だ。倉橋がリュックサックに入れて売り歩いたテープレコーダーG型発売の翌年1951年、ソニーは初の放送局向け街頭録音用の小型テープレコーダーM－1型を売り出した。横山がこのM－1型を自身の漫画の中で主人公のデンスケに肩から担がせたことがきっかけになり、M－1型を放送局のスタッフが〝デンスケ〟と呼ぶようになった。倉橋はこれに目をつけしっかりと商標を登録、以来、使用を承諾してくれた横山とのつながりができていた。おかげで、デンスケがポータブル型テープレコーダーの代名詞にまでなっている。

ソニー坊やが誕生したのと同じ56年、銀座七丁目にベレーという名の小さなバーが誕生する。戦前から人気のあった漫画『フクちゃん』の作者、横山隆一が「わかりやすい名前がよい」と自分の頭のベレー帽にちなんでつけた店名だった。横山も岡部もこのベレーの常連客となり、そこに倉橋も出入りするようになっていた。15席ばかりのベレーのカウンターでグラスを傾けながら、倉橋が相談を持ちかけたのが、この漫画家による社会福祉活動だった。

「横山先生、先生が代表をなさっている漫画集団のお力を借りて、募金活動ができればとてもありがたいのですが」

「募金してどうしようと言うの？」

「集めたお金を使って、働きながら夜間中学で勉強している人たちや、台風や地震などで不幸な目に遇っている人たちを少しでも助けてあげられればと思っています」

当時の漫画集団のメンバーは4人。代表の横山のほか、岡部冬彦、テレビドラマや映画にもなった人気の漫画『おトラさん』を描いていた西川辰美、そしてお色気たっぷりの河童のイラストで男性にはとくにおなじみだった小島功。もちろん、彼らは倉橋の提案に賛成した。

ソニービルオープンの66年から毎年秋の恒例イベントになる。

募金の基本的な仕組みはこうだ。

彼らの漫画の原画をソニービルのテナントであるゼロックスの複写機でコピー。モノクロなのでそれに彩色、サインをする。ちなみに、カラーコピー機が登場するのは72年になってからのことだ。これを寄付金（1口200円）のお礼として進呈する。会場はソニービル8階のソニーサロン。来場者へのサービスとして、プレゼントが当たる抽選会や、CBSソニーの歌手のショーなどが行なわれた。寄付金を交通遺児育英会に贈呈することになった4年目の69年には、ときの労働大臣、国務大臣、警察庁長官なども会場に訪れるほどの盛り上がりを見せた。

さらにこのチャリティー活動を期間中に宣伝しようと、年によっては中のフロアから飛び出してソニースクエアにも〝進出〟している。その屋外ステージ上で赤塚不二夫や手塚治虫などが実際に漫画を描いたりして通行人に大いにアピール、8階で行なわれている漫画チャリティーの熱気をさらに熱くさせていた。

漫画家は毎回全くギャラなしでこのチャリティーに協力している。イベント終了後のソニービル内での飲食が、スタッフにとっては彼らの温かい心情に対するせめてもの感謝の気持ちだったのかもしれない。

スクエアの賀田か、賀田のスクエアか

こうしてソニースクエアは、〝四季時計〟として定着・発展させるための活動を経験する過程

から、四季時計とは違ったさまざまな側面を生み出していく。たとえば、愛の泉のように社会的な意義を生むような側面、あるいは、札幌のすずらんのように、銀座という地の利を活かした強力な情報発信・PR基地といった側面だ。

四季時計の鮮度を維持しようと始めた札幌のすずらんの成功で自信をつけたスタッフは、その後、自らの足を使って季節を告げる全国各地の名物、産物をソニースクエアに登場させる。たとえば

〈春〉桜島から空輸したおたまじゃくし5万匹を泳がせる。この一連のプロセスはNHKテレビのドキュメンタリー番組にもなった。

〈初夏〉沖縄のパイナップルの木。

〈夏〉岡山県矢掛町のほたる。ほたるの光を見るために竹藪で覆われた小屋をつくった。

〈秋〉茨城県笠間市・笠間稲荷の菊。

〈冬〉さっぽろ雪まつりの大氷像。

〝四季時計のスタッフ〟は、こうしたイベントを実行するために、北は北海道から南は沖縄まで、そこが個人的に行きたいところかどうかは別として、現地の人たちとの相談に出かけている。今では、IT、ネットワーク技術が発達したおかげで、誰でも手に入れたい情報が簡単に豊富に、しかも大した苦労もせずに手に入る。また、誰しもそれが当然だと思うようになって

いる。しかし60年代、70年代はまだインターネットが普及していないどころか、そんな概念すらなじみのない時代だった。

前述したように、東京札幌間を鉄道で移動すればほぼ丸1日かかる。携帯電話を個人が持つなど望むべくもなく、ましてスマホなどは影も形もない。テレビ放送にしてもNHK以外は基本的にもっぱらローカル。全国放送ができる衛星放送が始まるのは89年まで待たなくてはならない。そんな時代に、彼らの情報収集のアンテナが高いのには理由があった。

アンテナを高くする工夫をしたのは、賀田だった。

賀田が目をつけたのは、新聞社だ。朝日新聞は数寄屋橋交差点の斜め向かい、読売新聞は外堀通りを北に歩いて2、3分のところ、北海道新聞や静岡新聞、京都新聞といった地方の有力紙も徒歩圏内にあった。つまり銀座は〝新聞社銀座〟でもあったのだ。賀田はこうした新聞社の記者と懇意になり、ときには自分のオフィスに招いたり、ときには近所の〝飲み屋〟に誘ったりしながら、彼らから情報を仕入れていた。企画課のスタッフにも、「記者が訪ねてきたら、一緒に外でお茶を飲んでこい、とにかく彼らと親しくなることが大切だ」と言っていた。地方紙や全国紙の地方版がときおりまとまって賀田のもとに届けられるのは珍しいことではなく、その中に目ぼしい記事を見つけると、秘書にスクラップするように指示する、というのが賀田の日課になっていた。

そして可能性のありそうな案件を見つけると、企画課の課員を現地に飛ばす、というわけだ。

この〝賀田アンテナ〟にかかって、「なんでそんなものを東京に運ぶのか？」と土地の人がいぶかしがったものがいくつかあった。鹿児島県桜島のおたまじゃくしや岡山県矢掛町のほたるなどがそうだ。どちらもいざフタを空けてみると大好評、大成功。おたまじゃくしをソニースクエアに呼び寄せたエピソードなどは前述のように、ＮＨＫテレビのドキュメンタリー番組にもなったほどだ。

面白いことに、この賀田の仕掛けによって、新聞や放送局の記者が、ソニースクエアに行けば、季節の話題、社会性のある話題、企業のＰＲ活動の話題などに事欠かないと考えるようになっていく。「何かネタはないか？」と企画課の課員を訪ねる記者も現れたという。賀田が動くことによって、ソニースクエアを核にさまざまな情報が発信されるという好循環が生まれていった。

こうしていつしか、記者の間では、〝ソニースクエアと言えば賀田〟、そしてソニーのスタッフの間では〝賀田あってのソニースクエア〟という評判や評価が定着していく。〝ミスターソニースクエア〟、賀田にはそんな称号が似合っていた。

第5章
五反田村から花の銀座の〝住人〟に

外堀通りのイメージ一新作戦

東京に13年ぶりの大雪が降った。それはソニービルオープンから約10カ月がたった67年の2月12日、21センチの積雪だった。雪に弱い東京人にとってはまさに大雪だ。

明くる13日の朝、ソニービルの企画部のスタッフは雪による交通機関の混乱に悩まされながらも、晴海通りに面したオフィスに三々五々出勤してきていた。仕事の前にとりあえず一服と、何人かがうまそうに紫煙をくゆらせている。お茶をすすっていたその中のひとりが、窓越しに晴海通りの向かい、ソニービルの前の白くなった歩道をなにげなく見下ろしながら、ぽつんとつぶやいた。

「おい、ビルの前で雪かきをしているおじさんがいるぞ。寒いのに朝っぱらからご苦労なことだよな」

どこの親切なおじさんだ、と目を凝らした次の瞬間、

「大変だ！　ありゃあ、賀田さんじゃないか」

お茶やたばこどころではなくなった。全員、おっとりがたなでオフィスを飛び出したのは言うまでもない。

「雪が降ったりすると、あくる日の出勤が苦痛でしたよ」

と語るのは70年に大学を卒業して入社した鈴木雅喜。

「〝君たち、雪の日くらい、私より早く出勤しろ〟ですから。とにかく朝、出てくるのが早いんですよ、賀田さんは。率先して雪かきするんですから。参りますよ」

しかし、賀田によって強制されている気は全くしなかったという。賀田は、気がついたことはすぐ自らが実行していた。つまり率先垂範が常だったから、誰もが納得して賀田の姿勢を見倣った。

絶えず細かいところにまで気を配り、うるさいほど部下にあれこれ指示をする、これが賀田の流儀だった。そしてその対象は、ビルの管理業務だけにとどまらなかった。ビルの周囲との関係にも賀田なりの心配りがあった。

鈴木は言う。

「気がつくと自分からせっせと道路に水を撒いていました。〝君たち、水を撒くときは気をつけろ。ビルの前だけで終わらせるな。そんな撒き方をしたらビルのことだけしか考えていないように思われるからな。お隣との境界から3尺（約1メートル）まで撒け。ただし撒き過ぎるな。それ以上に撒くと、今度は余計なおせっかい、失礼な輩だと思われてしまうぞ〟。すべてがそんな調子で、近所近隣のお店にはとくに気をつかっていました」

こうして賀田からは社会人としてのマナーや気配り心配りを教わった、と鈴木は振り返っている。鈴木らは、ソニースクエアですずらんやチューリップ、菜の花などを配布すると、そのイベントが終了するたびに、プレゼントの〝おすそ分け〟を周辺の店舗や交番、駅などに進呈しあいさつすることを心がけていた。

さらに、賀田の気配り心配りは周囲の環境の改善にまで及んでいく。

ビルの前を南北に走っている外堀通りには、当時、〝デモ通り〟という異名がついていた。というのも、デモ行進をする人たちが隊列を組んで練り歩くための〝指定通過道路〟になっていたからだ。そのため、新橋の土橋付近から、外堀通りを通って、当時東京駅南の鍛冶橋にあった東京都庁の前までというのがお決まりの〝デモコース〟になっていた。ソニースクエアの前を、学生運動や市民運動のデモ隊がシュプレヒコールを上げながら、ゆっくりと練り歩いていく。今では考えられないが、当時、早稲田大学では学園紛争で学生が封鎖したキャンパスに警官が導入されたりしていた。あるいは、建国記念日制定反対の声が騒がしかった。実際、数寄屋橋でも過激な学生が機動隊と衝突して投石をするかもしれないと予想される夜には、1階のガラスを守るため、ビル閉館後に、投石ネットを張りめぐらせるといった対策を施していた。

いくらソニースクエアで斬新なイベントを展開し、ソニーの存在感を上げようと力を尽くしても、外堀通りがこんな調子ではせっかくの努力もなかなか報われない。数寄屋橋一帯が〝殺伐としたところ〟というイメージになるのは何としても避けなければならない。現状のまま放置すれば、〝デモ通り〟の異名が定着してしまう恐れがある。そう考えた賀田は、外堀通りの向かいにあるマツダビル（後の東芝ビル、現・東急プラザ銀座）に店舗を構えていた阪急百貨店・数寄屋橋阪急に相談を持ちかける。実はマツダビルもソニービルのオープンの半年後、66年の11月に新装されていた。新装を機に阪急がかかげた店舗のコンセプトが「モードのお城」だったことから、彼らもやはり、周囲の環境のイメージには非常に敏感だった。

両者はイメージ一新を図る効果的な方策を熱心に相談した。その過程で生まれたアイデアが、外堀通りに彩りを添える吹奏楽団のパレードだった。ブラスバンドならではの華やかな雰囲気を演出するのが効果的と、東京都吹奏楽連盟に協力をあおいだ。3者で協議した結果、パレードは年に2回、春と秋に行なうことで合意。春はさくらパレード、秋はシルバーパレードと命名。翌67年から実施したいと呼びかけたところ、これに応えた同連盟傘下の団体の数は30を越えた。しかも阪急に至っては地元の大阪から少年音楽隊を呼び寄せるほど熱心だった。コースは土橋を出発し、外堀通りを通って鍛冶橋の東京都庁まで、つまりあのデモコースとほぼ同じだ。初回の参加人数は実に2000人を数え、5月の太陽の下でカラフルな衣装の団員が奏でるマーチは、賀田の目論見通り、数寄屋橋一帯の空気を一変させることになる。この初回にかかった費用は200万円。ソニー企業と阪急とが折半したまさに両者主催の自主番組だった。

「〝ソニー通り〟でよろしいのでは?」

このようにして賀田は、一日も早くソニーが〝銀座の住人〟となって銀座の街に溶け込んでいくための努力を日々怠らなかった。

ソニービル開館から6年がたったある日、その賀田の努力が目に見える形で報われる。

1972年秋のある日のこと、銀座五丁目連合町会の寄り合いが開かれていた。銀座には一丁目から八丁目まで、地区ごとに店舗や企業の経営者が組織している〝連合町会〟がある。その連合町会の経営者が集って、相互の連絡や街の活性化のアイデアや懸案事項を定期的に相談する場を〝寄り合い〟と称していた。

ソニービルがあるのは五丁目。その五丁目連合町会が寄り合いでこの日相談していたのは、その五丁目を南北に貫いている通りの名称だった。銀座の中央通りとその西の外堀通りとの間にある通りの数は4本。東から西にすずらん通り、西五番街、並木通り、そしてソニービル脇にある元ずり通り。最初にあげた三つは、通りの名称としてすでに定着している。問題は、元ずり通りという名称だった。よろしくない。しかもそれはいわゆる通称に過ぎず、たそがれ通りと呼ぶ人も少なくはなかった。この通りで商売をすると、元も子もなくすという意味にとれる、そんな芳しくない名前だった。

ソニービルの1階に店舗を構えているスズキフロリストが面しているのも、この元ずり通り。経営者の鈴木昭によれば、元ずり通り沿いの店舗の商売はなかなかうまくいかない例が多く、五丁目連合町会の会費もこの通りの店舗に限っては、他の通りのそれの半分に設定されていたという。

通りの名称がいつまでも元ずりのままでは、どうしようもない。なんとかしたい。もっとイメージのよい名称はないものか。

ああでもないこうでもないと寄り合いの議論が佳境に入ったとき、誰かがひとつの提案をした。

「ソニービルがあるんだから、ソニー通りにしてはどうでしょうかね？」

なるほど……という空気が生まれる中で、こんな発言が飛び出した。

「いや、どうもソニーという横文字の名前にするのは、抵抗がありますよ。うちは和装の店です。もし、ビルの名前や店名でもいいと言うんだったら、うちの屋号を通りの名称にしてくれませんか。もちろん、それ相応のお金は出すつもりですから」

なるほどそんな手もあるか、と思いながら、鈴木はこんな反応をした。

「それもあるかもしれませんがね。ソニー通りでよろしいのでは？　というのはね、地下鉄の新橋駅の階段のあがり口に、矢印付きで右〝並木通り〟、左〝ソニー通り〟と書いた案内板がかかっていますからね。みなさんもお気づきになっているのでは？」

ソニー通りの標識。

鈴木は毎朝、ソニービルの店舗に通うのに地下鉄銀座線を使い、新橋駅から歩いていた。うちの屋号、という提案を聞いたとき、ふとその案内板を思い出したのだ。いつのころからだろう、そんな案内が掲出されたのは？と思いながら、他の人たちの意見を待った。

「そういえばそうですね。私も気がついていました。それでいきましょうよ。地下鉄でソニー通りと案内しているということは、一般の人たちにもそれが一番素直でわかりやすいということでしょうから」

五丁目連合町会は、この寄り合いのあと、さっそくソニー企業に対してくだんの通りを〝ソニー通り〟と命名したいと打診した。賀田をはじめソニー企業の人たちはみな、この思いがけない話を大いに喜んだのは言うまでもない。当時はまだ公共財や公共施設に企業の名称をつけられる命名権の概念が存在していなかっただけに、銀座の一筋の通りにソニーの名前をつけるというアイデアは、ソニーにとってその後、何ものにも代えがたい財産となった。周囲の人たちが昔からの銀座の通りにソニーという名称を抵抗なく付けることにしたのは、彼らがソニーやソニービルも銀座を構成する一員となっており、もはや〝新参者〟ではない、と認めたことの証だった。

こうして1972年12月1日、それまでの通称〝元ずり通り〟が公式に〝ソニー通り〟と改称された。

銀座の情報を手のひらに乗せよう

賀田は、四季時計の役割を与えられたソニースクエアと、外堀通りに面した玄関ホールとのつながりにもさまざまな工夫をしていた。ソニースクエアで足を止めた人たちをソニービルの中へと誘導できれば、ビルはますます活性化するだろう。

ソニースクエアが銀座の庭なら、ソニービルの玄関ホールは誰でも自由に出入りできる広場。設計者の芦原流に表現すれば、街の中のピアッツァとして、出会いの場、待ち合わせの場にするのが狙いだった。賀田は、その狙い通りに人が玄関ホールへと足を運んでいるのかどうか、あるいは待ち合わせに使っているか、常に観察を欠かさなかった。

当時、東京の三大待ち合わせ名所と言えば、新宿駅から歩いて2分ほどの紀伊國屋書店前、渋谷ならかの有名なハチ公の銅像前、そして銀座は日劇前、というのが通り相場だった。ソニービルはその名所の日劇前にいる人たちをしだいに引き寄せるようになっていた。屋外の日劇前と違って、雨の日でも濡れる心配がないからだ。それだけではない、暑さ寒さをしのげる快適な空調が整っているうえこのビルの中でなら、何時間待っていても誰にも文句は言われない。もっといいことには、元日以外は原則年中無休。しかも、夜遅く8時まで開いている。一方、近隣のデパートはといえば、夕方の6時に閉店してしまい、しかも毎週1日は定休日で終日店は閉められている。したがって、会社帰りのデートの待ち合わせ場所として、ソニービルが若いカップルの人気スポットになったのは当然のことだった。

賀田は、玄関ホールの様子を日々見ているうちに、待ち合わせ場所としての魅力をさらに高める方策を思いついた。

そこで、68年夏のある日、賀田は銀座七丁目のバー・ベレーで飲み友達の小倉喜和という人物に会う。ベレーは二人の行きつけだ。

「ビルの玄関ホール、デートの待ち合わせをしている男をよく見ていると、みんな結構手持ちぶさたなんだ。周囲の人の動きの中からお目当ての相手を見つけなければならないから、じっと本を読んでいるなんてわけにもいかないしね……」

「確かにそうですよね。誰だって、今か今かと待たされるのはいやなもんです」

「いえね、ビルで接客してくれている女性が言うには、銀座のことで色々なことを尋ねられるらしいんです。たとえば、地下鉄の終電は何時だとか、周辺の喫茶店にはどんなところがあるか、銀座から新宿までタクシー代はどれくらいかかる、日比谷の映画館ではどんな映画がかかっているか、まぁ、思いがけないことを聞いてくるようで。ほんとなら、ビルの中だけの案内で勘弁してほしいんですが、そうもいきません」

満足に答えられないと、何のためにここにいるのかと皮肉を言われてしまうらしい。だから、彼女たちは普段からソニービルだけでなく、銀座の情報収集にも心がけているという。

そんな話から賀田は、銀座の情報をまとめた印刷物を発行できないものかと考えた。

当時はインターネットなど、その言葉の存在すらよく知られていない時代。劇場の案内も、広告以外は、新聞の片隅にある〝映画演劇案内〟のコラムに掲載されているだけ。まして、日ごろタクシーに乗りつけていない人は、デートで銀座から目的地までのタクシー代の見当もつかない。あれやこれや、銀座に不案内な人たちにとって便利な情報、かゆいところに手の届くような内容を載せた印刷物があれば、待ち合わせにも退屈しないし、その後の予定をたてるのにも役に立つ。

「ソニービルでそれをつくったら、無料配布ということになってしまうから、それではつらいし、現実的な観点からも長続きしないと思う。なぜかと言えばお客さんにとってはある種のカタログ、言い方を変えれば来館者に対するビルのサービスだととられてしまうからね。だから、現実に企画や編集、情報集めはわれわれでするけれども、発行元は第三者ということにしたいんですよ」

賀田は具体案を小倉に示してみせた。

銀座のミニガイドブックをつくる。体裁は手のひらに乗るほどの小さなサイズで30ページ前後。内容は、鉄道・バス、タクシーなどの時刻や運賃などの情報、銀座地区の店舗の地図、劇場・映画案内などで構成する。価格は1部10円。公衆電話の電話代と同じで気楽に買える。販売する場所は人気の待ち合わせスポット、つまり玄関ホールに設ける専売所だけにする。

小倉はこの案に賛成し、名目上の発行元になることを承諾した。

情報誌の名称は「GINZA　SQUARE」。言うまでもなく、賀田がソニースクエアと連動させ、さらにはソニービルが〝銀座の広場〟だという認識を来館者に浸透させようと意図したものだった。

ポケットやハンドバッグに入れられる小さなサイズから、付けられたあだ名は「豆本」。豆本の創刊号が発行されたのは、相談から2カ月ほどたった68年10月10日。玄関ホールに豆本専用のワゴンを用意、そこに10円を入れる箱を置き、無人で販売した。これが評判を呼び、発売を始めてから2カ月で大量5万部を売り切った。1日平均８００冊以上が売れた勘定になる。隠れたベストセラーだと、11月25日付の「産経新聞」に紹介されている。

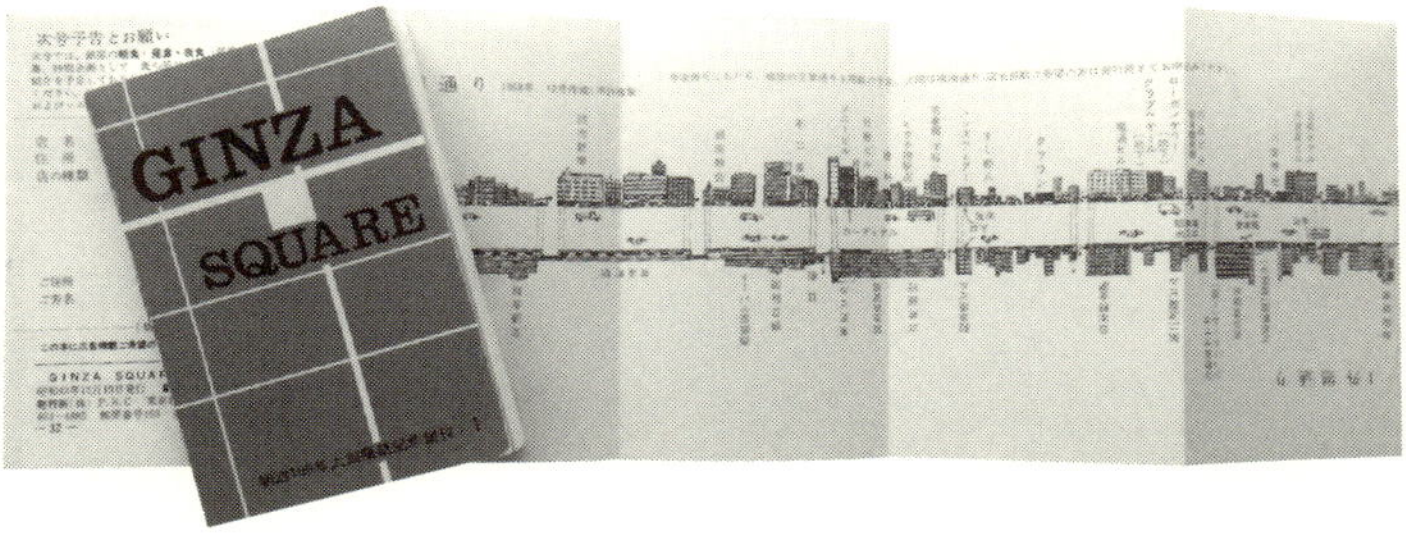

「GINZA SQUARE」創刊号。銀座に立ち並ぶビルの案内も。

創刊号はまさに手のひらに乗る銀座情報。ちょうど新住居表示が銀座で実施された時期だったため、その内容は新住居表示を記した地図、モーニングサービスのある喫茶店をまとめた案内地図、地下鉄の時刻表、ソニービルの漫画チャリティーや、明治100年記念の大銀座祭といったイベントの案内、さらには映画演劇や画廊の案内などバラエティーに富んでいた。傑作なのは、銀座周辺のタクシーの拾い方のコツを時間帯別に紹介しているページまであったことだ。

今なら、この種の情報は誰でもスマホで簡単に手に入れられる。物心ついたときから身近にスマホがあったという世代にとって、この豆本が獲得した人気の高さなど想像不能、石器時代の話かもしれない。しかし、当時の銀ぶら族には実に重宝な情報源になったようだ。〝銀座で待ち合わせるならソニービル〟というイメージを浸透させるのに、この豆本も大いに威力を発揮したのではないか。

ビルを人の情であふれさせよう

「あの豆本の情報集めには苦労しましたよ」

鈴木雅喜はこう振り返る。

「とにかく、一軒一軒回りましたからね。必ず確認しないと。間違った情報は絶対に出せません。しかもこの仕事、普段の業務とは全く関係ない、ボランティアみたいなもんです。残業代もつかないし。でも、賀田さんは絶対に手抜きを許してくれませんでした」

結果的に、この豆本は、1975年1月発行の25号まで足掛け6年以上続くことになる。この25冊に加え、別冊を3冊、英語版を1冊発行した。年に4冊から5冊のペースだったわけだ。この豆本の成功に刺激されたわけでもないだろうが、70年代に入るとこの種のミニコミ的な地域情報誌が有料無料を問わずさまざまなところで出版されるようになっていく。そうした流れの中で、豆本は25号で銀座に特化した情報誌としての役割に終止符を打つことになった。その後90年代に入ると、独身の若者世代を対象にしたこの種の情報誌が大手の出版社から数多く誕

豆本の無人販売スタンド。1冊10円。

生するようになっていったのは、決して偶然ではないだろう。

「賀田さんはあの豆本の編集には非常にこだわっていましたよ。とくに表紙の色合いになると、絶対にと言ってよいほど妥協しませんでしたね。色で季節感を出せ！とうるさく言っていました。発行予定日直前になっていてもおかまいなしに、真面目にやれ、やり直しだ！とよく怒られましたよ。無人で販売していたにもかかわらず、代金箱の金額が足りなかったという記憶はほとんどありません。それどころか、千円札が入っていたこともたまにありましたね」

この豆本が象徴しているのは、ソニービルスタッフが常に抱いていたビルを育て発展させようという意志意欲と、そのために繰り出す仕掛けの独創性だ。

盛田と芦原が描いた独創的なアイデアである銀座の庭・ソニースクエアと玄関ロビーを巧みにつなぐことによって、彼らは人の行き来や滞留を促す心地のよい空間に育て上げ、発展させた。その仕事の中心にいたのが、倉橋正雄であり、井上公資であり、そして賀田恭弘だった。

倉橋はソニービルが完成する66年4月にソニー企業の常務に就任。盛田の期待に応え、日本で初めてとも言える〝ショールームビル〟の運営に経営者として取り組んだ。参考になるような前例の見当たらないビルだけに、その運営の手法そのものも自らが考え出さなければならない。とりわけ気を配ったのは女性スタッフによる来館者への接し方だった。製品の説明や案内をする接客の仕方、つまり言葉づかいや姿勢にはとくに厳しい目を向けていた。なぜなら、従来の物販店の販売担当者とも違えば、接客のプロとも言われていた航空機の客室乗務員のそれとも違っていたからだ。倉橋は、建物の新奇性先進性、きわめて有名な銀座という場所、そして一流といわれるテナント、これら好条件が三拍子揃っていることの危うさを常にスタッフに説いていた。これにあぐらをかくと、世の中の評価は一変する。

だからこそ、「その評価を維持向上させるためにソニービルのスタッフに求められるのは、人の気配」だと倉橋は社員宛の文章に書いている。つまり相手の心に触れる温かさ、それを伝えてくれる品位が〝人の気配〟であり、これによってビル全体が人の情であふれると説いたのだった。どこかの世界のマニュアルによる管理とは全く無縁だったと言える。そのせいかどうか定かではないが、毎年、学校卒業予定の女子学生の銀座地区における就職志望先リストの最上層にソニー企業の名前があったという。母親が自分の娘を売り込みに来たこともあったらしい。

井上公資はといえば倉橋と同じく、ソニー企業の取締役企画部長に就任、銀座地区の経営者あるいはソニー時代の知己とのつながりを通して、ソニービルを銀座に根付かせることに心を砕いていた。例のバー・ベレーも井上にとって大切な社交の場でありまた同時に、情報収集の場所だった。ベレーで漫画集団とのつながりをより一層親密にすることにも心を砕いていたおかげで、漫画チャリティーも最初の年から実行できた。

賀田恭弘は企画部運営課長に就任。

まさに現場の指揮官。大木や鈴木などのスタッフは賀田の下で、細かいところまで目を行き届かせる姿勢をたたき込まれる。しかも率先垂範。軍隊経験があったためだろうか、仕事人間そのもので、最初の一、二年、会社を休んだのは年に10日間ほどだったという。これは大げさな話ではないかもしれない。というのも、賀田が企画構想立案から実行までを手がけていたソニースクエアには、休業日がなかったからだ。

ソニースクエアは屋外にある。屋根も覆いもない。ソニービルは元日以外毎日開館しているため、展示替えなどの作業ができるのは午後8時の閉館以降の夜中だけ。作業に思いがけなく時間がかかると徹夜になる。しかも屋外なので、万が一にも事故が起こらないよう24時間、管理・警備に全く手抜きは許されない。その責任者になっている以上、賀田はその性分のおかげで人任せにして簡単に現場を離れられないのだった。ソニービル、ソニースクエアならではの苦労だった。そのひたむきな仕事ぶりから、賀田についた異名は〝銀座の庭師〟。社内でも「ソニースクエアと言えば賀田。賀田と言えばソニースクエア」だった。

ソニービル建設のウラ側でソニーを悩ませた経営課題

こうして倉橋、井上、賀田らが牽引役になることによって、ソニービルは銀座にあるショールームビルとしての地位を確立していく。62年の12月、数寄屋橋交差点角の大きなペコちゃんを傍らにソニービルの建設を決断した盛田にとっては、数年来の大仕事にようやくひと区切りがついたことになる。とはいえ、この時期に盛田を悩ませ続けていたのは、ソニーにとってきわめて困難な経営戦略の課題、つまり競争力のあるカラーテレビの開発・製品化だった。実はソニーの開発陣は、この難題に相変わらず満足のいく答を出せずに日々悪戦苦闘していたのだ。

61年から開発を開始したクロマトロン方式のブラウン管は、4年間という長い歳月をかけ、ソニービル開館を1年後に控えた65年の6月になってようやく第1号モデル19型の19C－70が市場に投入される。性能面では井深の狙い通り、画面は明るかったものの、問題は利益だった。というのも、設定した定価19万8000円では、利益が出ないどころか、売れば売るほど赤字が積み上がっていったからだ。定価よりも製造原価のほうが高い、という困った状況に陥ってい

採算面でソニーを悩ませたクロマトロン方式テレビ「19C-70」。

たのだ。

それでもあえて原価割れの定価をつけなければならないほど、ソニーは他メーカーの後塵を拝していた。

国内のカラーテレビ市場は東京オリンピック効果によって急速に拡大し、64年の年間生産台数は5万7000台余り、前年比約10倍へと急増する。生産台数の増加が価格の低下を促し、画面のサイズ1インチあたり10万円というのが価格の相場になってしまう。したがって、定価と製造原価の数字が逆転していることがわかっていても、そこは後発の弱み、常識的な市場価格から大幅にかけ離れた値付けはできない。66年4月のソニービルオープン当初から、4階のクロマトロン・センターと1階のソニーショールームに展示し、アピールに努めてはいたものの、クロマトロンではお世辞にも勝負できているとは言えない。競争力のある新たな製品の開発が急務だった。

ソニーの焦りをよそに、この年、すでに主流になっていたシャドーマスク方式のカラーテレビの市場が急激に立ち上がり、国内の年間生産台数は一気に52万台にまで急伸していた。なんと、わずか2年で9倍以上の市場規模に拡大していたのだ。かたやソニーのクロマトロンの生産台数は月にせいぜい1000台前後、つまり1年でわずかに1万2000台のペース。52万台対1万台では戦う前から答えは出ている。クロマトロンの苦境から脱出しない限り、他社との差は開くばかりだ。ソニーの経営陣はこの事態を憂慮、最悪の場合を想定し、シャドーマスク方式を導入するというシナリオを検討するまでになっていた。

松下電器をはじめ、日立、東芝、三洋、シャープなど主要エレクトロニクスメーカーはソニーの苦境をよそにカラーテレビで覇を競っている。ここでカラーテレビの市場に本格的な進出ができなければ、ソニーは、〝総合的な〟映像・音響メーカーに脱皮できる機会を失ってしまい、白黒テレビはあるものの〝ラジオ・テープレコーダーが主力の音響メーカー〟という、世の中のソニーに対する評価をくつがえせなくなってしまう。ついに、当時専務で技術開発のトップだった岩間和夫が決断をくだす。カラーテレビの開発リーダーである吉田進に対して、「ことし（66年）中にクロマトロンに代わる新しいカラーテレビの開発にめどがたたない場合には、ソニー独自のカラー方式の開発を断念する」と直接伝えたのだ。

一方で社長の井深は、クロマトロンの失敗は自分の責任であり、新しい方式の開発には自らが陣頭指揮に立つと宣言していた。追い込まれた空気が社内に重くのしかかっていたこの時期、開発陣の間には「近々取締役会で井深さんが辞任する」といううわさまで飛び交ったという。井深本人は周辺のごく親しい人に「私財を投げ打ってでも」と明かしている。覚悟はそれほどまでに固かったのだろう。盛田は〝資金の手当ては自分がなんとかする〟と井深を支えていた。

最後通牒を突きつけられた吉田は、まさにソニービルがオープンした直後の66年の夏、アメリカで見たGE（ゼネラル・エレクトリック）のポルタ・カラーをヒントに独創的なアイデアを思いつく。カラーブラウン管にはスクリーンに画像を再現させるためのビームを発射する電子銃が必要だ。したがって、シャドーマスク方式では、光の三原色、赤、緑、青専用の電子銃3本を組み合わせる。ところが、吉田は1本の電子銃だけで3本のビームを発射できる常識破りのブラウン管の可能性を見いだしたのだった。これを突破口としてさらに1年をかけて全く新しいカラーブラウン管を完成させた。トリニトロンと命名された。彼らがトリニトロンの開発に取り組んでいる間にも、国内のカラーテレビ市場は容赦なく拡大、67年には前年比倍以上となる120万台を突破。ソニーにとってはもはや一刻の猶予も許されなかった。

吉田はポルタ・カラーに注目してから2年、ようやく全く新しい方式のカラーテレビの完成にめどをつける。製品化にめどが立ったわけではなかったものの、井深と盛田は、ソニー独自のカラーテレビ方式の発表を急いだ。その目標時期は、68年4月に設定された。

この決断には理由があった。

68年5月にはソニーにとって、カラーテレビ市場本格参入という視点からは無視できない重要なイベントが待ち受けていたのだ。それはNHKの受信契約の大改定だった。ラジオの受信料が廃止され従来のテレビの受信料に加え新しくカラー受信契約が設定されることになっていた(受信料465円)。これには同年3月に全国カラー放送用マイクロ回線網が完成し、カラー放送の視聴可能範囲が93パーセントにまで拡大したことが関係している。

ラジオの時代が終わり、まさに本格的な〝カラーテレビ時代〟の到来だった。それを裏付けたのが同年の契約件数168万8000件あまりという数字だ(翌69年にはそのなんと2倍をはるかに超える399万件余りへと一段と急増)。世帯普及率は5・4%(白黒は96・4%)に急伸している。この時期を逃してしまえば、マイクロテレビやオールトランジスタテレビなどの独自製品によって得たソニーのテレビに対する高い評価は一気に低下してしまうかもしれない。言い換えれば、それまでソニーは時代を先取りした先端的な製品を生み出し続けてきたのに、カラーテレビに関してはそれ相応の技術力がないのか、他のメーカーと何ら違いはないのか、という評価になってしまう。そうなれば、ソニーに対する消費者の期待感は一気にしぼんでしまいかねない。

創業から23年、いまだ決して大企業とは言えないソニーにとって、これは耐えられない。致命傷になりかねない。カラーテレビで先行する電機業界の雄、松下電器と売上規模を比較してみると、前年の67年ソニーは584億円、対する松下電器は3473億円。6倍もの開きがある以上、ここでもたもたすればもはや手遅れ。最先端の製品を武器に世界で勝負している企業としての存在感を失ってしまうかもしれないのだ。そんな事態はなんとしても避けたい。井深がそんな危惧を抱いていたことに疑いの余地はないだろう。

ソニー独創のトリニトロン登場の晴れ舞台はソニービルだ

盛田にしても思いは同じだった。67年の暮れ、トリニトロン方式の技術の確立にめどがついたと判断するとすぐに、盛田はその第1弾の製品の画面サイズを19型にできないかと吉田に相談している。営業サイドの希望だと訴えた。吉田は答えた。

「19型の大型ブラウン管を開発するにはもう1年かかります。時間を大切にするなら、13型しかありません。13型にしたところでもちろん大変困難ではありますが、今すぐにでも製品化できる条件は整っています」

盛田の主張ももっともだった。当時のカラーテレビの市場は、19型が主流だったからだ。そんな市場で画面の大きさが19型の半分にも満たない13型が広く受け入れられるという確証はなかった。カラーテレビとは居間に鎮座しているものだ、棚の上に置けるような小さなテレビでは家族揃って見られないではないか。それでも盛田は即断した。

「わかった、そのままでいい。13型でいこう」

4月14日、ソニーは予定通りトリニトロン方式カラーテレビの開発が終わり、製品化は半年後の10月、さらに12月末までの2カ月余りで1万台を生産すると発表した。それまで苦しんできたクロマトロンの5倍の生産ペースだ。それは、急拡大を始めたカラーテレビ市場というバスに、ソニーがかろうじて乗り込めるかどうかという重要な瞬間だった。

その瞬間の舞台として、井深や盛田が選んだのが他でもない、ソニービル、その8階にあるソニーサロンだった。


ソニーにとって幸いだったのは、当時の同社の業績が急速な拡大基調に乗っていたため、カラーテレビの出遅れ感がそれほど目立たなかったことだ。創業15年の1961年における年間売上高約186億円が5年後ソニービルの完成した66年には約470億円と2・5倍に急伸。製品の面でもベストセラーとなったポータブルFMラジオ・ソリッドステート11（イレブン）をはじめ、オールトランジスタの高級オーディオ機器、カセット式のテープレコーダー、卓上電卓など斬新な製品を連発、それらがとりわけ海外で高い評価を獲得したおかげで、東京オリンピックの年、1964年には、ついに海外の売上高が国内のそれを上回った（年間売上高333億円　海外172億円、国内161億円）。

ソニービルのオープンを前にした〝お知らせすべきか　どうか　いくども迷いました〟という新聞広告にあるＳＯＮＹのロゴの左肩に付けた〝日本の生んだ　世界のマーク〟には、日本製品をまだそれほど信用していなかった海外の市場で十分以上に勝負できるのだという、当時のソニーの自信と自負が現れている。トリニトロンテレビ完成を発表した68年の売上高は７１２億円を記録、66年と比較すると51パーセントも増加している。まさに快進撃だ。それだけにトリニトロンの発表は、この快進撃がまだまだ続くという印象を内外に与える効果があった。

業績好調のソニーが、その余勢をかって将来有望な独創的製品を、ところは銀座、自らが持っている独創的なショールームビルの最上階で発表する。電機業界に限らずあまた存在する企業の中でも、こうしたインパクトのある演出ができる企業はそれほど多くないはずだ。

盛田が１９５５年に、東京通信工業の製品にソニーの名称を付けると決断したのは、世界と勝負するにはブランドがいかに大切かということを誰よりもよく認識していたからだった。そのソニーブランドの存在を先進的なかたちで主張する役割を与えられていたソニービルが、トリニトロンという独創的な製品の発表の場となった。そしてそのまま、ソニーの新技術に大いに興味を抱いた消費者にもアピールする場として生きる。おそらく盛田にとって溜飲が下がる思いだったのではないか。ソニーブランドのプロモーション戦略にとって、この４月14日は、製品の斬新さと立地に恵まれた先進的ビルとの相乗効果が十二分に発揮された記念すべき日にな

トリニトロンカラーテレビ「KV-1310」。まさにソニー成長のドライバー。

った。

この発表会から半年後、10月末にトリニトロンカラーテレビKV－1310が発売された。その価格は11万8000円。19型の20万円前後という価格よりは安かったが、当時の世帯1カ月実収入8万7500円と比較すればまだまだ高価な製品だった。それでも売り切れの店舗が続出、電気の街、東京の秋葉原では店頭に陳列された最後の1台を、どうしてもその場で持ち帰りたいというふたりの客が定価以上の値で競り落とそうという現象まで現れた。このように、全く新しい方式のトリニトロンは高く評価され大ヒット、13型というサイズのハンディをはねのけただけに終わらず、19型の大型が主流だったカラーテレビの市場に新たな〝小型〟というジャンルを生み出していく。おかげでソニーの業績に弾みがつき、翌69年の売上高は創業以来初めて、1000億円の大台を突破、前年比52パーセント増の1089億円を記録した。

1968年のトリニトロン方式カラーテレビの開発は、こうしてソニーを生まれ変わらせていく。五反田にあるラジオ・テープレコーダーの〝元気でがんばっている小さな会社〟という世の中一般のイメージを一新させ、総合映像・音響メーカーへと脱皮成長していく礎となった。このソニーにとって画期的な大転換の始まりを告げる舞台となったのがソニービルだったのだ。

1962年の暮れ、ペコちゃんの傍らでたたずみながら建設を決断したソニービルに、盛田がソニーの存在感を高める役割をどの程度期待していたのか、今となっては残念ながらわからない。しかし、この68年当時のソニーにとって、ソニービルは、もはや単なるショールームビルにとどまらず、ソニーのブランドイメージ向上に大きく貢献する存在であることが一層鮮明になったのだった。

第6章
「ソニービル」とは何か

「数寄屋橋は世界の交差点なんだ」

ソニービルとは何か。

建築家・芦原義信は、ソニービルについて次のような一文を残している。

「設計をはじめるにあたって、私どもは　一体ソニーとは何であるかについて研究して　そのイメージをこのビルに表現したいと思った。それは……ソニー製品にあらわれている　質のよさからくる正確さ……機能的な美しさ……それはまさに近代建築の精神にも相通ずるものであった。よって……広告塔とか　ごたごたしたものを一切よして……大きなソニー製品であるかのごとく表現してみたつもりである」

これはソニービルオープンのとき招待客や関係者に配布されたA４判の小冊子に寄稿した「ソニービル設計によせて」の一節だ。

要するに、

「ソニービルとは、ソニーという企業あるいはブランドの象徴である」ということだろう。

ソニービルが建てられた60年代、〝ブランド〟という概念はまだ一般には浸透していなかった。

この概念が世の中に広く知れ渡るようになるのは、ブランド・エクイティという言葉が生まれたとされる1980年代になってからのことだと思われる。そのため、ブランド戦略ということばも当時はまだまだ、一般的になじみがなく、経済や経営の分野でもほとんど使われないことばだった。それでも、芦原がソニーの〝ブランド〟を設計の核心に置いていたことは、この文章から十分にうかがい知れる。

さらに芦原は、この寄稿文の中でソニースクエアについても、次のように言及している。

「道路と建築以外に外部空間のすくない我が国の都心に　人間的なうるおいがあたえられ……トランジスターラジオのような小さいが性能のよい都市空間として市民に奉仕してくれるものと信ずるのである」

一方、ビルの設計を芦原に託した盛田は、ソニービルを建てようとしていた数寄屋橋の交差点のことを、周囲の人たちに次のように言っていた。

「銀座四丁目は日本の交差点。でも、数寄屋橋は世界の交差点なんだ」

世界の交差点である数寄屋橋にソニービルをつくるのか、それともソニービルをつくって数寄屋橋を世界の交差点にするのか。果たして盛田の言葉の意味はどちらだったのか。

1966年4月29日、ソニービルオープンの日、その記念の品としてトランジスタラジオが招待客に進呈された。それはソニービルの姿そのままの〝特製品〟で、ソニービルが〝ソニーというブランド〟の象徴的な存在であることを表現していた。

とはいえ、いかに斬新なアイデアを礎にしたビルであっても、それが表面的外形的なものだけにとどまってしまえば、その魅力には限界があり、時間の経過とともに色あせてしまい、人は足を向けなくなってしまうものだ。

したがって、ビルの〝中身〟も外形と同様にあるいはそれ以上に先進的かつ独創的でなければならない。だからこそ、盛田は、ショールームを核にしたビルであるにもかかわらず、内部に企業のショールームを展開するだけでなく、ショッピングの楽しみ、食の楽しみを味わえるテナントを招き入れようとしたのだった。

あえて海図のない航海へ

その盛田の考えに呼応したテナントは、ソニービルのスタッフと同様に、先進的独創的であるからこその苦労を経験することになった。それはひと言で言えば海図のない航海のようなものだった。その代表的な例として、マキシム・ド・パリとソニープラザについて少し触れてみよう。

〈マキシム・ド・パリ〉

ソニービルのオープンに遅れること半年、10月31日に開店したマキシム・ド・パリはこの海図のない航海に乗り出した代表格だった。彼らには、一流であるからこその〝王様の悩み〟があった。つまり王様は庶民とは縁のない存在であり、だからこそ、庶民のほうから王様に近づこうとはしない。マキシム・ド・パリはまさにレストランの王様、その店内はパリの本店と瓜二つ、そのできばえに、マキシムのオーナーであるボーダブルが感嘆の声を上げたというほどだった。

スタッフもまさにパリそのもの。コックにピエール・トロワグロはじめ5人、メートル・ドテル（総支配人）にマキシム本店ディレクター、ムッシュ・ガッシェ、ウェイターなど5人、そしてミュージシャン5人というフランス人がやってきた。盛田によって本社の経理担当から異動し、支配人の立場になった仁科満は言う。

「開店当初はお客様が少なく、ときには、ダイニングルームにひとり、ということもありましたね」

それでも、日本人好みに合わせるような妥協は一切せず、パリの本店そのままの雰囲気で味わう正統派のフランス料理にあくまでこだわった。この一貫した姿勢がしだいに理解されマキシムのファンを拡大していった。さらに森英恵やピエール・カルダンなどのファッションショーを開催したり、大晦日には夜を徹しての仮装ディナーパーティーを企画するなど、パリの食文化を伝えようと、マキシムならではのさまざまな手を打った。

しかも地下の駐車場に直結した地下3階の玄関から直接入店できるという、この店ならではの使い勝手のよさも手伝ったのだろう、こうした努力が実を結び、〝王様〟のもとには各界の著名人が吸い寄せられた。おかげで、マキシムの知名度が向上、経営も次第に安定していく。それでも仁科に言わせれば、初期投資の償却が大きな負担になったため、利益を計上するまでには数年かかったという。

マキシム・ド・パリという存在は、こうしてしだいに世の中に広まっていく。この動きに敏感に反応したのが観光バス大手のはとバスだった。フランスの食文化に一般の人たちも十分な興味を持つようになってきたと判断すると、マキシムのメートル・ドテル秋山隆哉と相談して、マキシムで食事を楽しむ定期観光バスのコースを企画したのだ。1984年10月に運行開始、コースの名称はそのものずばり、マキシムナイト。観光地を案内するコースが中心のはとバスにとっても、斬新な企画だった。このコースは非常に豪華で、同社専用の仕様に改修した西ドイツ製の2階建て車両を使い、所要3時間半で料金は1万6000円。当時の東京半日コースの所要4時間半、料金3000円と比較すると、まさに破格だった。これはマキシムが高級レストランとして一般の人たちにも〝一度は行ってみたい〟と思わせる存在になったことの表れであり、同時に、マキシムのブランドが日本に定着したことの証でもあった。

〈ソニープラザ〉

地下2階につくったアメリカンスタイルのドラッグストア、ソニープラザもまた、独創的であることの悩みを創業時に味わっている。

アメリカの匂いがする輸入雑貨に特化したドラッグストア、という業態は、すでに述べたように斬新で、当時まだ他にほとんど例がなかった。その存在をPRし、顧客に足を運んでもらうようにするまでがひと苦労だ。

なによりも、ソニービルを訪れた人をいかにしてプラザの店舗に向かわせるのかが頭痛の種だった。問題は、ソニービルのエレベーターの動かし方だった。つまりソニービルを訪れた人たちはまず、玄関ホールからエレベーターで6階に向かうよう誘導される。例の花びら構造なのだから、当然そうなる。したがって、地上から地下2階のソニープラザへの逆の動きはなかなかつくりだせない。地下鉄銀座駅の改札にほぼ直結しているという有利な面はあったものの、地下2階の店舗に意識的に向かう人たち、つまりファンを増やすのには時間がかかった。

ただし、ビルの設計段階で、あらかじめこの人の動きを予測し、対策を打とうと考えていた人物がいる。例によって盛田昭夫だった。

「黒木君、地下に降りていく階段は、エレベーターホールにいる人には後ろ側になって目立たないよね。ますますエレベーター待ちの人がたまってしまう。〝裏階段〟になっちゃうよ。なんとか知恵を絞って〝裏〟を〝表〟にしようよ」

「盛田さん、要するに、エレベーターではなく、階段を使って地下に降りていこうという気にさせる仕掛け、ということですね」

「そうだ、とくに地下1階と地下2階をつなぐ階段に工夫できないか。ここがなんとかなれば、上下両方、階段を使う人が増えて、流れがよくなるはずだ」

　そこで二人が思いついたのが、ドレミファ階段だった。


　その名称の通り、踏み面に足をのせると〝ドレミ〟と音が出るそんな階段だ。つまり上るときには〝ドレミ〟、降りるときには逆に〝ミレド〟と、階段を使っている間ずっと音階が聞こえてくる、そんな仕掛けができないものか。

「盛田さん、中桐さんと相談させてください。今までお目にかかったこともない階段ですが、彼ならうまくつくってくれますよ」

　中桐《なかぎり》光彦《つぎお》は当時、ソニーから出向していた器用なエンジニアで、その後ソニービル開業の年、１９６６年にソニー企業に転籍となり、ビル館内やソニースクエアのさまざまな仕掛けをつくり上げることになる。愛の泉も中桐の作品だ。中桐は、当時建物の自動ドアに盛んに使われていた床に埋め込むタイプのフットスイッチを、踏み面に応用した。これに加えて、電子音を出す発振器とスピーカーを階段脇に埋め込んだ仕掛けをつくりあげたのだった。

いざフタを開けてみると、これが大好評、とくに子どもが喜んで何度も駆け上ったり降りたりする光景がよく見られるようになる。おかげで、次第にソニービルの名物となっていく。

盛田自ら、こんな楽しい仕掛けを考え出したものの、ドラッグストアという店舗がどういう業態のものなのか、一般にはなじみがなく、豊富な輸入雑貨に出合える嬉しい店舗がある、という事実がなかなか伝わらなかった。おかげでオープン当初から2年間は、この店を盛田から任された荒尾雅也のことばを借りれば、まさに〝苦闘の連続〟。2年がたったところでやっと単年度黒字が出るようになったという。「2年間の赤字はいわば〝月謝〟だった」と荒尾は振り返っている。

当初、輸入の菓子類や文房具そして化粧品やアクセサリーが店の売上の中心だった。そんな店、ソニープラザストアがソニービルにあることを、世の中に広めてくれたのは、意外なことに10坪ほどの広さのソーダファウンテンだった。第3章で紹介したように、プラザは店舗の中に飲食のスペースをつくった日本における先駆者だ。コーヒー1杯100円、スパゲッティ250円で、盛田は水をグラスに注ぐ作法にもあるいはコーヒーのサービスの仕方にも、細かな指示を出していたという。このカフェスペースにファッションリーダー的な芸能人や音楽家が通い始め、常連客として定着していったおかげで、そこに居合わせた客の「プラザは新しくてしゃれた店だ」との口コミが拡散し、多くのファンとくに女性客を獲得していく。余談ながら、高松宮殿下もこの店のファンのひとりだったという。

荒尾は、創業時、定期的にソニープラザの経営状況を盛田に報告していた。毎月芳しくない数字ばかりが並ぶ売上の話を聞いても、盛田は苦笑いをしているだけで、ほとんど何も言わなかったという。それでも周囲からは「そんな店、いつまで続けているのか」という非難がましい声も聞こえてきていた。「利益を上げなければ話にならない。香港からシュウマイを運んできて売ったら」という冗談とも本気ともつかない苦しまぎれのアイデアが飛び出してきたこともあったという。自分から望んだのではない、プラザを盛田から〝押しつけられた〟感のある荒尾にとっては、まさに針のムシロだった。

荒尾は販売促進のために、さまざまな手を考える。その中でも変わり種は、アメリカの匂いそのものの演出だった。ある顧客から「店に入るとアメリカの匂いがする」と好意的に言われたことを盛田に報告したところ、逆に盛田からその匂いをつくったらどうかと提案される。さっそく香料の最大手企業高砂香料に分析を依頼、すると間もなく、チョコレートと化粧品の品物の匂いがしみついた段ボールが〝アメリカの匂い〟のもとであることが判明。これはさすがに実現困難ということで断念したという。

暗中模索の中で、2年が経過するころになると、化粧品が売上の柱になっていく。それは日本国内で主流になっている資生堂の製品ではなかった。アメリカ製のマックスファクターやヘレナ　ルビンスタイン、レブロン、コティなどが珍しさも手伝って売れ行きが伸び、おかげで女性客の間に「プラザに行くと何か新しくて面白いものがある」という評判が広がっていった。

取引のあるホールマークというアメリカのグリーティングカード会社のカタログからヒントを得て、68年ごろから、バレンタインのコミュニケーションツールとして、チョコレートの販売キャンペーンを始める。当時、周囲のデパートはこのキャンペーンにほとんど関心を示さなかった。荒尾に言わせれば彼らの視線はどちらかといえば冷たいものだったらしい。ところがこれが大当たり。おかげで何か新しくて面白いものがプラザにはある、という評判がさらに高まっていったのだった。72年にプラザストアのフランチャイズ店になった森永キャンデーストアのある役員が、荒尾に直接打ち明けたところでは、森永製菓が戦前から経営していた森永キャンデーストアがその数年前、63年に同じキャンペーンを打ったものの、客の反応は芳しくなかったらしい。今では年中行事になっているバレンタインのチョコレートに先鞭を付けたのは、ソニープラザではなく、案外、森永だったのかもしれない。

ソニープラザは1970年、大阪で万国博覧会が開催されるのを機に、大阪・梅田の三番街に進出、2番目の店舗として大阪店をオープンさせた。低空飛行の創業期を脱し、3年目にしてようやく成長軌道への光が見えたわけだ。もちろん、ソニープラザの〝売り〟となったソーダファウンテンも、この大阪店につくるのを忘れなかった。

ブランドの集合体、銀座を舞台に成長す

こうして、マキシムにしても、ソニープラザストアにしても、ソニービルで企業活動を展開し結果的に成功をおさめさらに業容を拡大したことによって、その〝ブランド〟の価値を高め、それがそのまま、ソニービルあるいはソニーという〝ブランド〟の価値向上にも結びついていく。ソニービルの集客力は秀逸で、ビルの魅力と立地のよさが相まって、1日平均1万5000人から2万人が訪れる。しかも待ち合わせの名所となり、デートの定番スポットにもなった。こうなると、ソニービルという場が、各々のブランド価値を高め、それが相互のブランド価値をさらに向上させるという相乗効果を生み出す好循環となっていく。そもそも、考えてみれば、マキシムはソニービルができる前から、国際的な知名度の高い最上級のレストランだった。そのマキシムがソニービルに店を構えることによって、ソニーのブランド価値が向上したことは間違いない。その意味では、当時のソニーはマキシムという国際ブランドの恩恵に浴したと言える。

もちろん、第3章で紹介したように、2階から4階までの〝花びら〟にショールームを開設したテナントの企業もまた、ソニーにとって、相乗効果により互いにブランド価値の向上を果たすことになる貴重な存在になっていた。外堀通りに面した2階に陣取った〝トヨタ・スキヤ

バシ・センター〟のトヨタを筆頭に、PRセンターの日本専売公社、それにヤマハ、東レ、大成建設、マックスファクターなどがそれぞれに工夫をこらしたショールーム運営に取り組んでいたのだ。

こうした相乗効果が生まれたのは、ソニービルという舞台の中だけにとどまらなかった。ソニービルと銀座の街並みとの間の相乗効果を生み、いわゆる銀ぶら族をはじめとする人の流れをも大きく変えることになる。

ソニービルがオープンしたころ、盛田は人の流れについてこんなことを言っていたという。

「東京見物に来た人はまず皇居に来るだろ。そこから有楽町を通って銀座にやってくるじゃないか。この数寄屋橋は、まさにその銀座の入り口なんだよ」

銀座の通りと言えば、北は京橋から南は新橋に至る中央通りを行き来するいわばタテの人の流れであり、その中心に位置していたのが銀座四丁目の交差点だった。盛田はこのタテの人の流れに、日比谷や有楽町から東銀座に至る晴海通りのヨコの流れを意識していたのだ。つまり、銀座の従来のタテの流れに、ヨコの流れを加えられれば、数寄屋橋交差点が四丁目の交差点に勝るとも劣らない重要な存在になると考えた。それはすなわち、数寄屋橋交差点との相互作用によってソニービルの価値の向上に結びつく。

そして盛田の期待したこの相互作用が、現実になっていったのだ。

『日経アーキテクチュア』誌1976年8月23日号に、三好三郎が盛田の要請でつくった店舗の一軒、1階のカーディナルの社長、花田美奈子の次のことばが紹介されている。

「最初は確かに銀座の表通りではないから、本当に客が来てくれるかどうか不安だったが、出来てみると銀座の人の流れがはっきり変わった」

ソニービルとそのテナント、ソニービルと銀座の街、それぞれが互いに作用し合い、そしてその相乗効果を生み出す。また本来のショールームとしての機能という観点からは、1975年の家庭用VTRベータマックスや79年のウォークマンといった独創的な製品の発表そして販売促進の場として有効に活用されていく。

ソニーはブランドの価値を高め、テナントはその存在感を大きく向上させる、そして銀座の人の流れを変え、街並みを生まれ変わらせ、銀座に新たな空間や楽しみを与えながら、以降、ソニービルはソニーブランドの象徴としての歴史を刻んでいくことになる。

ブランドを発信するビルに〝賞味期限〟はあるか

ときは2016年6月13日、ソニービルのオープンから50年にして、ソニーはソニービルそのものの姿を変えると公式に宣言した。この〝リニューアル〟には2段階あるという。最初の段階では地下部分を残しながら地上部分すなわち1階から8階までを2017年末までに解体、翌18年夏にはその地上部分に公園をつくり2020年秋まで営業。これに続く第2段階で、新しいソニービルの建築にとりかかり、2022年秋に竣工させる。この一連の計画にソニーは銀座ソニーパークプロジェクトという名称を与えた。

ソニービル50周年を3年後に控えた2013年の春、社長の平井一夫は具体的なソニービル更新のためのプロジェクトを立ち上げる。そのリーダーに、CEO室シニアマネジャーの永野大輔を指名、同プロジェクト室室長とする。プロジェクトを立ち上げたとはいっても、専任者はなし。リーダーの永野が検討しようとするテーマにふさわしい人選をする、柔軟で流動的なプロジェクト運営とした。

永野がまず検討したのは、ふたつの選択肢のどちらを選ぶか、だった。つまり改装すべきか、それともビル全体を建て替えるべきか。

ソニーブランドを発信し続けてきた50年の間に、ソニービルを取り巻く環境は大きく変わった。

まずソニーがエレクトロニクスだけに専念する企業ではなくなり、映画音楽などの娯楽産業や保険、銀行などの金融事業をも扱う企業体へと成長し、従来の製品のショールームに軸足を置いたビルの運営だけでは、総合的なソニーブランド発信の役割を十分に果たせなくなっている。

第二に、社会・通信環境が激変し50年前には存在しなかったインターネットに代表されるネットワークが発展進化することによって、製品を展示することだけが〝ブランドの発信〟ではなくなった。新たな環境でのブランド発信力が企業には求められるようになっている。

第三に、消極的な理由とはいえ、花びら構造であるからこその悩み、つまり世の中の要請であるバリアフリー化には応えられない悩みがあり、年間数億円が必要なビルの維持管理費をも考慮に入れると、現状のビルをそのまま存続させるのはもはや困難。

こうした理由から得た結論は、建て替えだった。

建て替えるにしても、どんなビルにすべきか。ソニービルが挑戦的な建築であっただけに、プロジェクトチームにとってこれは難しい課題となる。そこで永野は、ソニービルの原点となった盛田の考えに立ち返る。盛田が芦原のアイデアを取り入れた「ソニービルは広場」という考えをさらに発展させることにした。そこから導き出した答えが「公園」だった。永野は言う。

「今の盛田さんだったら、きっとビルよりはもっと大きなスペースのことを考えるだろう、だから公園だ、そう思ったんです」。プロジェクトの原案が固まったのは2014年の10月だった。永野がそのプロジェクトチームのアイデアを平井にぶつけ、即座に承認されたという。

銀座を訪れる人たちすべてに開かれた空間、それがプロジェクトチームの新たな原点となった。開かれた空間であるから、銀座を訪れる人たちをソニービルにあえて誘導する必要はない。ビルの中に入ってくれる人もいれば、単にビルの中にとどまる人、あるいは、単なる雨宿りでも、通り抜けでも構わない。あえて公共の空間にすることが同時に銀座への恩返しでもある。つまり、ビルも公園も都市機能の一部であり、新しいソニービルもまたその一部を構成すべきなのだ。

そして実は永野は、プロジェクトの具体的な計画の中に、ビルの建て替えにかける時間を加えていた。つまりこれがプロジェクトの第1段階であり、チームはこれをフェーズ1と呼んでいる。この期間が2018年夏から2020年秋までの約2年間。地上部分は文字通り公園として一般に開放、残している地下部分は改装して活用する。ちょうど時期は20年の東京オリンピック。銀座を訪れる人たちへの〝おもてなし〟にもなる。そしてこの時間を利用して、当面白紙にしてある新しいビルの構想を考え設計を練り上げるプロセスのためにあてる。

ここに永野はソニー独自の工夫を加えた。

地下部分は単に従来の店舗を改装するのではなく、全く新しい構想でつくり変える。その構想は「タテの公園」。地下3階から地下1階まで吹き抜けの空間をつくり、周囲に、カフェスタンドやコンビニといった飲食や物販の店を点在させる。従来型のビルの中にある店舗、ではなく、季節ごと時期ごとに入れ替わる公園の緑の下の店といった新しい試みをする店舗を誘致。新たにラジオ局のサテライトスタジオも計画。吹き抜けの空間は遊ばせておいてもよいし、ソニー自身が得意の映画や音楽などのイベントを開催し、ブランドの発信に使ってもよい。もちろん地上の公園でも、ソニーがいろいろな発信をする機会を設ける。

これは要するに、永野に言わせれば、ソニーが銀座に設ける、銀座を訪れる人たちのための自由な「場」なのだ。この「場」は18年8月9日、実験的な垂直立体公園として開園する。名称はもちろん〝銀座ソニーパーク〟。

2年間のこのフェーズ1を背景にし、手がかりにしながら、新たなビルの構想を練る。この作業ももちろん開かれたものにして、ビルを建築するまでのプロセスそのものも、ソニーブランドの発信作業としてアピールする。そうすれば、この建築プロセスが、ビル建築の新たな手法となるのかもしれない。

50年前に10坪の〝銀座の庭〟構想から始まったソニービルは、ソニーのブランド戦略の要としての立ち位置を着実に維持しながらも、同時に、広場としての公共性を獲得し、2018年からはその構想を発展させた公園が生まれる、というわけだ。

建築家・芦原義信の子息で芦原建築設計研究所所長の芦原太郎は、ソニービルを次のように振り返ってくれた。

「ソニーをつくった井深さん盛田さんがつくったビル。ソニーの歴史そのものであり、またソニーという企業と一体化した幸せなビル。企業の精神、目指すところを表現した建物は、〝まれ〟なのです」

まさに〝ソニーのブランド〟、そのものだったのだ。

第7章

五反田村のソニー、銀座のSONY

かけがえのないソニーの財産、〝ソニー通り〟

ソニービルはソニーブランドの象徴として建設された。この象徴を他でもない世界的知名度のきわめて高い〝GINZA〟に建設することによって、ソニーは五反田の企業から、世界にその名が知られるSONYという企業へと成長・発展してきた。かつて、経営規模では日立、東芝、松下といった電機業界の雄の足下にも及ばなかった企業が、ソニービルの建設を境に、企業規模ばかりかブランドの知名度においても、彼らに勝るとも劣らない存在にまでなった。いやむしろ、産業界だけでなく一般にも広く〝ジャパン・アズ・ナンバーワン〟ということばが流行した1980年代には、日本を代表するブランドのひとつにまで成長した。

ソニー通り。

第5章で紹介したように、この名称が公式に誕生したのが1972年12月1日。ソニーという存在が〝銀座の住人〟として銀座の人たちによって認められた記念すべき日になった。命名の主は、第5章で紹介したように、ソニーではなく、この通り一帯でビジネスに携わっている住人＝経営者の人たちだった。

この事実は、ソニービル開業以来6年半という時間を経て、〝五反田村〟の住人であったソニーが、盛田のことばを借りれば、〝世界の交差点〟数寄屋橋のある〝銀座〟の住人であると認められたことを意味していた。

銀座の経営者は時代の先取りをする感覚に優れていることで定評がある。したがって、ソニー通りと命名しようという提案に対して、ある経営者が、自分の店名にしてくれれば相応の金銭を支払うという対案を出したのはある意味で当然の反応だった。ビジネスの世界で、命名権が取り沙汰される、しかも私有財は言うに及ばず、公共財にまでその対象になったのはやっと1990年代後半になってからのことだ。したがってこの経営者の感覚は20年以上も先を行っていたことになる。

現代のビジネスの世界で、もし、通りの命名権というものが改めて取引されるとすれば、その対価はいったいいくらになるのだろうか。こう考えると、対価を支払うどころか、周囲からソニー通りの命名に対して承諾を求められたのは、ソニーにとって文字通り願ってもない幸運だった。命名権を買い取って道路という公共の財産に、社名やブランドなどの名称をソニー自身が付けたのではなく、逆に周囲の人たちがソニーという名称を与えてくれたのだった。

ソニービルの建設を請け負った大成建設の企業キャッチフレーズは、「地図に残る仕事」。周囲の住人によって命名された〝ソニー通り〟の表記が、東京・銀座の地図から消えることはない。命名権に照らして考えれば、この〝地図に残る〟ソニー通りという名称の対価ははかり知れないのだ。

まさにソニーにとって何ものにも代えがたい財産といえる。ひょっとすると、乱暴なことを言えば、この無期限に続く財産価値だけで、ソニービルの建設費用をはるかに凌駕しているのではないか。

このソニー通り命名の例ひとつをとっても、ソニービルを核にした盛田のブランド戦略がいかに先進的で、優れていたのかがわかる。


ソニービルオープンを境に、ソニー製品のプロモーションの様相も変化していく。オープンから3年後の69年、ソニーロゴの書体デザインを変更、そして同時にソニーのキャラクターとして使用され愛されていたあの「アッちゃん＝ソニー坊や」が姿を消す。ソニーに対する世の中の企業イメージ一新を図ったのだ。それは、紛れもなく〝五反田村から銀座〟へのイメージチェンジだった。

ソニービル建設の前後、1964年に開催された東京オリンピックに合わせて完成した800台収容の大駐車場、西銀座駐車場が地下で直結、わずかに100メートルしか離れていない改札口のある地下鉄西銀座駅が銀座駅に改称され銀座地区で初めて、ビルの西側を通っている外堀通りの歩道から電柱が消えて街路が近代的に整備される、さらには数寄屋橋交差点の一角だけが取り残された形でビルがなく、建設用地として取得できる可能性があった、などなど、ソニーは、そして盛田は、願ってもない幸運の数々に恵まれた。もちろん、盛田の日本初のショールーム構想を支えた人たちの存在も忘れるべきではないだろうし、そうした人たちがいたこともまた幸運だった。とにもかくにも、盛田やソニー単独の努力だけではコントロールできないさまざまな要素が、なぜか、ソニービルにとって有利な方向に働いた。

ソニービルの歴史を、これにかかわったさまざまな人たちから教わるにつけ、「運も実力のうち」ということばが思い出された。

しかし、ことソニービルに関しては、それがうまくいったのは、いくつもの思いがけない幸運に恵まれたからだと考えるのは早計だ。なぜなら、改めて当時の盛田の経営姿勢を見ると、「実力があるから運を自分の方に引き寄せられるのだ」ということを思い知らされるからだ。

明確な構想と誰も思いつかないようなアイデア、それを実行する力、そのために周囲の人たちを巻き込む力、誰にも負けない情熱を継続し続ける力、盛田にそうした実力があればこそ、幸運を引き寄せ、そしてその幸運を幸運として最大限に活かせたのではないか。

盛田が芦原の協力を得てソニービルに与えたコンセプトに「広場」がある。企業のショールームビルとはどうあるべきか？　その答えを考える基本に据えたのが広場という概念だった。そしてソニービルはこの広場としての機能を発揮していく。ソニースクエアがその一翼を担ったのは言うまでもない。ここでひとつ、ソニービルが広場として機能したことを証明しているエピソードを紹介しておこう。

毎日のようにソニービルを訪れる小学生が何人もいた。歩いて数分程度の至近距離にある東京都中央区立泰明小学校に通う小学生だ。展示されているソニーの製品を見て、説明担当の女性（当時はコンパニオンと呼ばれていた）とことばを交わして、知識を得ようとする子どもの中には、その後、この経験に背中を押されて理科系の大学に進学した女の子もいるらしい。また雨の日には、下校時、母親との待ち合わせ場所になっていた。

「ソニービルで待っていなさい。でも、気をつけるのよ、ソニービルのお姉さんと警備員以外の人とは口をきかないようにしなさいね」

小学生がひとりでいても、何時間うろうろしていても、安心安全なところだった。目的がなくてもよい、何時間いてもよい、誰でも入れる、それも気兼ねなく、これこそ広場そのものではないか。

小さな小学生が勝手に自由に入ってきて、いつまでいても見とがめられず安心して過ごせる、こんな企業のショールームは、現在でも、他にあまり例がないだろう。それを今から50年前につくったその先見性こそが、ソニーブランドの価値を向上させたことは間違いない。

継承される「広場」の概念

実は、この「広場」の考え方は、ソニービル以降にも継承されている。1982年にソニーの社長に就任した大賀典雄がその継承者だ。2000年、ドイツ・ベルリンのポツダム広場に完成したソニーセンターに大賀が与えたコンセプトが「プラッツ＝広場」だった。そして同時に、ブランド戦略も盛田譲りだった。このセンターに飲食店のひとつとしてミュンヘンから有名な醸造所を誘致したとき、大賀は彼らのビールの名称を変更することを提案する。「いくら有名でもミュンヘン向けの名前ではベルリンの人たちに愛されない。ベルリンの人が大好きな『リンデンバウム＝菩提樹』に変えよう」。今では、このリンデンバウムのほうが元のビールブランドより有名で、この醸造所の経営者は大賀の提案に感謝しているという。2008年以降ソニーセンターは2度経営主体が変わっているものの、〝ソニーセンター〟という名称はそのまま継承、維持されている。いかにソニーのブランドがドイツに定着しているかがわかる。

そのドイツの有名企業、ボッシュが、東京・渋谷にあるボッシュジャパンの1階、六本木通りに面したところに2015年、カフェを併設したショールームをつくった。この仕掛け人がソニーセンター建設のとき、大賀のもとで働いていた下山田淳、ボッシュジャパンの広報担当ディレクターだ。ボッシュは産業機器が主力の企業で、消費者に直結する消費財製造の割合は全体の4分の1程度にとどまる。したがって、1886年の創業以来一般消費者向けのショールームをつくった過去も経験も全くなかったのだ。ボッシュにはショールーム開設の経験が皆無、日本が初めてであったため、ドイツ本社の経営層を説得するのに1年以上かかったという。その説得の決め手になったのは、「広場」だった。「規模はともかく、あのソニーセンターと同様の魅力と機能を備えたショールームをつくりたい、コンセプトはプラッツ」。これで経営陣の首をタテに振らせたという。完成後、本社の社長をはじめ経営陣が視察に訪れ、高い評価を与えた。

企業がつくるショールームは「広場」であるべき、という考え方が、ソニーで大賀の薫陶を受けた人間によって、こうして継承されている。

ソニービル50年の歴史に幕を引き、次の世代に生きる新たなソニービルをつくろうとするソニーがその核に据える概念は、公園。広場にしろ、公園にしろ、そこを訪れる人たちに開かれた空間という意味では共通している。

ソニービルは、ソニーブランドの象徴でありまた同時に、盛田の目論見通りソニーのブランド戦略のきわめて大きな推進力だった。新しいソニービルも、その中核に据える概念がソニーパークと同じく〝公園〟となるにしても、やはり、ソニーブランドの象徴であり続けることに変わりはないだろう。そうだとすれば、1966年版ソニービルが背負っていたソニーブランドを礎にして、新たなソニーブランドの構築という使命が、新しいソニービルに与えられなければならない。そうでなければ、66年版のソニービルの存在に幕を引いた意味がない。

こう考えたとき、新しいソニービルの位置づけにまつわる課題が浮かび上がってくる。それはビルの寿命だ。66年版のビルの寿命は結果的に50年だった。ソニーが半世紀の間に、映像音響（つまりエレクトロニクス）主体の企業から、金融、娯楽という分野のビジネスも手がける一大ソニーグループともいえる企業体に変貌、これによって、ソニーの現経営者に言わせれば、従来のままのビルではソニーブランドを象徴する役割を果たし切れなくなったのだ。

それでは、50年で大きな変貌を遂げ、さらにこれからも変わり続けていくソニーという企業が、いつまでの期間、どのような機能や役割を新しいビルに求めるべきなのか、その答えによって、新しいビルのあるべき姿、が見えてくる。

その在りようによって、新しいソニービルの位置づけ、そして寿命も決まる。

時代を先がけようとする企業であればあるほど、その業容や経営戦略もまた、ときに応じた変化が求められるものだ。ときには思い切った変革も必要になる。新しいビルに何年先を見るのか、あるいは読むのか。新しいビルに設定すべき寿命も、それによって決まる。極論すれば、激しく変貌する経営戦略の一翼を担うために、物理的にも金銭的にも柔軟に建て替えのできるビルに仕上げることが望ましい。というよりは、むしろ、この柔軟性こそが、〝ビルの新しい機能〟として求められているのかもしれないのだ。寺院や仏閣といった建物は、オリジナルの姿が長く維持され保存されることに価値がある、ということに異論はないだろう。しかし、企業の経営戦略に組み込まれるビルの場合は事情が違う。必ずしも維持されることに価値があるとは限らない。むしろ、必要に応じて生まれ変わらせることに価値があるのではないか。

１９６６年４月29日に完成し、２０１７年３月31日にソニーにおけるその役割を終えたソニービルが、ソニーブランドの象徴であると同時に同社ブランド戦略の大きな武器であったのだとしたら、４年先の新しいソニービルにいかなるブランドの象徴としての機能を植えつけるのか。これに対する答えに到達できて初めて、新しいソニービルの姿が浮かび上がってくる。

ソニービルとは何か？

あえてひとことで言えば、

「ソニービルとは、ソニーをＳＯＮＹに生まれ変わらせた存在であり、同時にソニーブランドそのものである」

ただし、これはいわば〝レコードのＡ面〟。その裏側のＢ面はこうではないか。

「経営者盛田昭夫の〝城〟であり盛田自身の存在証明」

最後に蛇足を許していただきたい。

第1章でも紹介したように、1958年、東京通信工業は社名を「ソニー株式会社」に改めた。この社名変更の過程にはこんなエピソードがある。

盛田がソニー株式会社への社名変更を提起すると、社内は大騒ぎとなり、反対、反対の大合唱が巻き起こった。曰く、「そんな社名、誰にもわからない」「そんな社名が書かれた名刺など恥ずかしくて相手に渡せない」「せめてソニー電子工業にしてほしい」などなど。しかし盛田は頑として譲らない。ソニーが将来どんな企業に変貌するか、わからないではないか。だからエレクトロニクスの枠をはめず、ブランドだけの社名にするべきだ。盛田のこの大胆なアイデアを理解したのは、他でもない井深だった。井深が賛成すれば、もう議論の余地はなかった。

とはいえ、この大騒ぎが起こったのは全く無理のない話だった。というのも、当時の企業名としては常識から完全にはずれていたからだ。当時の社名の付け方はことごとく、製品名や地名あるいは業種・業態プラス「株式会社」が常識であり、これらを全く表記せずただ単に「ブランド＝それもカタカナ表記のブランド」に「株式会社」を組み合わせただけの社名は当時の証券取引所に上場していた企業941社の中でソニーの他には一社も見あたらなかった。現在、この種の企業名が当たり前のように存在している現実を考えれば、この社名変更のアイデアの主、盛田こそ、日本企業のブランド戦略において社名の重要性を理解した先覚者であった。そして盛田が、当時としては破天荒なこの社名、〝ソニー株式会社〟を銀座という地で視覚化することによってブランド戦略最高最強の武器としたのが、ソニービルだったのだ。

謝辞

30歳代以上の人で、銀座のソニービルのことを知らない人はあまりいないだろう。修学旅行で行った、デートの待ち合わせで使った、食事を楽しんだなどなど、個人的に何がしかの思い出のある人も少なくないと思われる。本書執筆のためにインタビューや資料の提供をお願いしたところ、ほとんどの方が実に快く応じてくださった。ソニービルの魅力のなせる技だろう。以下にその氏名を記して心からの感謝の気持ちを表したい。

まずはソニーとソニー企業の両社。そしてその広報担当の方々に対して心からお礼を申し上げたい。

筆者の大先輩で元ソニーEVP（専務）の大木充氏。同氏の豊富なソニー人脈と協力がなければ本書は成立しえなかった。

芦原建築設計研究所・所長、芦原太郎氏。ソニーの側からではなく、設計者の視点からの貴重なお話を聞かせていただいたおかげで、ソニービルに対する視野が広がったことは本当にありがたかった。

ミヨシコーポレーション会長の三好三郎氏。マキシム・ド・パリについて、また盛田氏との交遊について多岐にわたる貴重な情報をご教示いただいた。

スズキフロリスト会長、鈴木昭氏からはソニースクエアやソニー通りのエピソードの数々をお聞きできた。

また『銀座百点』編集長、田辺夕子氏、全銀座会街づくり委員長岡本圭祐氏からは銀座地区の俯瞰的な情報をご教示いただいた。


ソニービルの設計関連の資料については大成建設からの積極的なご協力に恵まれた。

ソニービルにかかわるエピソードの発掘、資料の提供についてご協力いただいた企業や個人の方々は次の通り。

(株)銀座パーキングセンター、トヨタ自動車(株)、日本たばこ産業、たばこと塩の博物館、(株)三越伊勢丹ホールディングス、東京地下鉄(株)、地下鉄博物館、(株)はとバス、そして(株)スタイリングライフ・ホールディングス。以上の企業からは、当時の貴重な社内報やさまざまな資料写真などの提供を受けた。

個人的なご協力をいただいたのは、内藤勲、西喬の両氏。そして本書では登場していただけなかったが、(株)乃村工藝社・会長、渡辺勝氏、中村展設(株)・社長、中村順一氏からは、ソニービルの内装とソニースクエアの展示にまつわるご苦労などをお聞かせいただき、非常に参考になった。

さまざまなかたちでの協力を仰いだソニー関係者は以下の通り。

倉田裕子、荒尾雅也、仁科満、菅原健一、星名登、鈴木雅喜、服部洋子、磯村義行、永井厚四郎、和田欣也、河野透、高野章、小林昭の各氏。

本書に掲載した数々の写真や図版については、ソニー（株）とソニー企業（株）の協力を仰いでいる。キャプションに特に断り書きのないものはソニー、あるいはソニー企業から提供していただいたものだ。両社にはこうした協力以上に、執筆中もさまざまな場面で大変なお力添えをいただいた。

以上、列記した氏名や社名などについては順不同であることをお断りしておきたい。筆者の感謝の気持ちに軽重は一切ない。


最後になったが、本書の構想を考え筆者に執筆を勧めてくださったジャーナリスト、福田俊之氏と、その出版を快諾してくださったプレジデント社には、心からお礼申し上げたい。この福田氏とそしてプレジデント社オンライン編集部長の中田英明氏の存在がなければ、「ソニービルを書く」という楽しい作業は経験できなかった。

二〇一八年六月

宮本喜一

[著者略歴]
宮本喜一（みやもと・よしかず）
ジャーナリスト、翻訳家
1948年奈良市生まれ。71年一橋大学社会学部卒業、74年同経済学部卒業。同年ソニー株式会社に入社し、おもに広報、製品企画、マーケティングなどを経験。94年マイクロソフト株式会社に入社、マーケティングを担当。98年独立して執筆活動をはじめ、現在に至る。主な著書に『マツダはなぜ、よみがえったのか?』（日経BP社）、『ロマンとソロバン』（プレジデント社）、『井深大がめざしたソニーの社会貢献』（ワック）など、翻訳書には、『ジャック・ウェルチわが経営（上・下）』（日本経済新聞出版社）、『ドラッカーの講義』『成功哲学』（アチーブメント出版）、『アップル、グーグル、マイクロソフトはなぜ、イスラエル企業を欲しがるのか?』（ダイヤモンド社）など多数。

ソニーは銀座でSONYになった

2018年8月5日　第1刷発行

著　者　宮本喜一
発行者　長坂嘉昭
発行所　株式会社プレジデント社
〒102-8641 東京都千代田区平河町2-16-1
平河町森タワー 13F
http://president.jp　http://str.president.co.jp/str/
電話　編集(03)3237-3736
販売(03)3237-3731
編　集　中田英明
販　売　桂木栄一　高橋 徹　川井田美景　森田 巌　遠藤真知子
末吉秀樹
装　丁　秦 浩司(hatagram)
本文DTP　室井明浩(STUDIO EYE'S)
制　作　関 結香
印刷・製本　中央精版印刷株式会社

ISBN978-4-8334-5132-1
Printed in Japan